KB271901

비트코인

박수 칠 때 떠나라

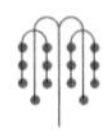

'경험이 미래에게'
미류책방은 미미와 류의 2인 출판사입니다.
경험이 미래에게 들려주는 수북한 시간들을 담으려고 합니다.
책을 만들고, 책을 읽는 그 모든 시간들이 아름답게 흘렀으면 좋겠습니다.
그리하여 먼 훗날, 한 그루 미류나무처럼
우리 모두 우뚝 성장해 있기를 소망합니다.

비트코인
박수 칠 때 떠나라

송인찬 지음

아무도 하지 못한 이야기
암호화폐의 불편한 진실

당신의 자산을 지켜 줄
단 한 권의 엑시트 가이드

미르책방

"박수 칠 때 떠나라.

그래야
사람들이 기억하는 건
당신의 잘난 얼굴이지, 당신의 후회가 아니거든."

영화 『박수 칠 때 떠나라』에서 나오는 에피소드의 표제들 '심문', '전설', '물고기', '쇼', '굿', '끝을 보다'를 각 막의 제목으로 차용했다.

차례

3막 물고기: 비트코인의 본질

4막 굿: 국가와 비트코인

5막 쇼: 연극이 끝나고 난 뒤

6막 끝을 보다: 무엇를 신뢰할 것인가

비트코인이 던진 질문

비트코인 투기가 만드는 세상

크립토사피엔스

시작하며

박수 칠 때 떠나라

영화 「박수 칠 때 떠나라」는 장진 감독이 2005년 연출한 심리 스릴러다. 이 영화는 살인범을 지목하지만 번번이 틀리는 최연기 검사(차승원 역)를 통해서, 편견과 오만의 위험성에 대해 경고를 던진다. '박수 칠 때 떠나라'는 흔히 '가장 빛날 때 미련 없이 물러나라'는 뜻으로 쓰인다. 사자성어로는 공성신퇴攻成身退라고 한다. 성공의 순간에 집착하거나 미련을 갖지 말고, 절정의 순간에 스스로를 내려놓을 줄 아는 성찰과 절제의 메시지다.

영화에서 최연기 검사는 용의자로 지목한 사람이 진범이 아닌 게 밝혀질 때마다 다른 용의자를 지목한다. 막바지에 최 검사가 진범을 잡았다고 박수를 받는 장면에서, 영화는 피해자의 죽음이 살인이 아니고 자살임을 암시한다. 수사를 맡았던 최 검사만이 이를 직감한다. 그 순간 그는 사건을 현 상태로 종결해야 할지, 아니면 자신의 실수를 까밝히고 진실을 밝힐지의 기로에 선다. 영화는 최 검사의 최종 선택을 보여 주지 않고 막을 내린다.

열정과 정의감 넘치는 최 검사는 왜 번번이 실수를 했을까? 그건 그의 수사 접근 방식에 근본적인 오류가 있기 때문이다. 해당 사건에서 그의 첫 질문은 '누가 범인일까?'였다. 하지만 그가 가졌어야 할 첫 질문은 '왜 죽었을까?'였다. 그랬다면 무작정 범인을 잡기에 혈안이 되지 않고, 자살이라는 정답에 더 일찍 다가설 수 있었을 것이다.

이 책에서 내가 비트코인 투자자들에게 하려는 얘기도 그렇다. "비트코인 가격이 얼마 할 것이냐?" 하는 질문에 앞서 "비트코인이 왜 가치가 있느냐?"라는 질문에 대한 답을 찾는 게 우선이다. 비트코인은 당초에 스스로를 '미래의 화폐'라고 하더니 이제는 '가치 저장 수단'이라고 한다. 화폐로서의 가능성이 희박해지자 '디지털 금'이 될 거라고 한다. 비트코인의 가능성이 부정될 때마다 비트코인 옹호자들은 그럴듯한 새로운 서사story를 창작해서 설파한다.

암호 화폐의 성지 대한민국은 안전한가?

2025년 9월 29일, '코리아 블록체인 위크 2025'에 도널드 트럼프Donald Trump 대통령의 장남인 도널드 트럼프 주니어와 차남인 에릭 트럼프가 참여했다. 에릭 트럼프는 영상 축사에서 "한국의 가상 자산 잠재력은 엄청나며 아시아 블록체인 산업에서 미국에 버금가는 확고한 리더가 될 것이다"라고 우리나라를 치켜세웠다. 기사를 읽으면서 마음이 오히려 무거워졌다. 과연 우리가 다가올 디지털 세상을 올바르게 받아들이고 있는지 회의적인 생각이 들었다. 한국 시장은 외부 프로젝트에게 '마케팅하기 좋은' 놀이터가 되고, 그 결과 국내 투자자가 버블 붕괴의 비용을 떠안는 건 아닐까 하는 우려 때문이다.

한국이 암호 화폐 투기의 핫존hot zone으로 굳어지고 있다는 말은 이제 과장이 아니다. '한국은 사실상 전 세계 2대 암호 화폐 시장'이라고 평가된다.[1] 초연결 모바일 환경과 24시간 열려 있는 거래소, 빨리 결과를 요구하는 사회 분위기, 그리고 제도적 빈틈이 겹치면서 암호 화폐 투기 자체가 하나의 오락이자 인생 역전의 기회로 여겨지고 있다. 1,000만 명 이상이 거래소 계정을 통해 가상 자산 거래를 한다. 연간 거래 규모는 2,500조 원에 달해서 규모로는 세계 3위 수준이다. 원화는 달러화에 이어 전 세계 거래소에서 가장 많이 쓰이는 법정 통화 2위다. 특히 비트코인을 제외한 알트코인 거래에서는 세계 1위라고 한다.

심각한 문제는 비트코인이 큰 투기장을 만들어서 경제 윤리와 인센티브 시스템을 붕괴시킨다는 점이다. 수많은 사람들이 암호 화폐를 '빠르게 큰돈을 벌 수 있는 마지막 기회'로 보고 무작정 뛰어들고 있다. 주거와 노동 시장에서의 좌절감은 투기 심리를 키운다. 정상적인 저축과 성실한 노동으로는 계단을 오르기 어렵다는 생각이

자리 잡으면, 엄청난 가격 변동성은 위험이 아니라 오히려 기회로 보인다. 종일 울리는 시세 알람은 공부와 일을 방해한다. 차트로 실시간 가격 변동을 추적하는 시간과 노력은 고스란히 청년들이 실력을 축적할 기회를 앗아간다.

이 책은 암호 화폐를 기술적 관점이 아닌 경제적 관점에서 비판한 책이다. 허황되고 그릇된 정보에 이끌린 암호 화폐 투기가 얼마나 위험한가를 알리기 위해서 집필되었다. 비트코인으로 거래해서 자금을 모은 기업은 다른 투기 대상을 골라서 투기를 재생산하고 확산시킨다. 투기로 성공한 사람들은 자신의 성과를 실력으로 과대평가하고, 패자들은 제도와 공동체에 대한 냉소를 키운다. 이렇게 되면 사회 전체의 인적 자본과 금융 자본이 장기 성장 동력에서 이탈한다.

하지만 이 점은 분명히 하려고 한다. 나는 암호 화폐와 블록체인의 의미와 가능성을 절대로 폄하하지 않는다. 다만 지나친 과대 포장이나 거짓 정보를 믿고 코인 투기로 이익을 얻으려는 행동의 위험성과 그에 따른 심각한 폐해를 알리려는 것이다. 그리고 이러한 투기를 침묵, 묵인, 방치 그리고 나아가 조장한 국가, 중앙은행, 금융 당국, 금융 회사 그리고 국제 금융 기구들에게 경종을 울리려는 것이다. 이것이 내가 이 책을 쓴 이유다.

2026년 3월

송인창

탐욕과 투기, 그리고 버블

새로운 기술이 등장할 때마다
사람들은
'이번에는 다르다'라고 믿지만
사실 달라지는 것은 배경일 뿐
심리의 구조는 동일하다.

결국
버블이 터지는 순간이 오면
사람들은 비로소 자신들이 들고 있던 것은
단단한 자산이 아니라
서로의 기대만으로 만들어진
공기였음을 깨닫는다.

탐욕과 투기

투기와 투자는 어떻게 다를까?

투기와 투자는 어떻게 다를까? 투자는 정당하고 권장할 만한 행위이지만, 투기는 위험해서 피해야 할 행위라고 한다. 투자는 경제에 이롭지만, 투기는 경제에 해롭다고도 한다. 하지만 투자와 투기를 구분하는 건 말처럼 쉽지 않다. 객관적인 기준이 있지도 않다. 투자인 줄 알았는데 나중에 큰 손해를 보면 투기였다고 생각이 바뀌고, 반대로 투기라고 남들이 말리던 것이 결과적으로 큰돈을 벌게 되면 다들 현명한 투자라고 치켜세우곤 한다. 한마디로 '성공하면 투자, 실패하면 투기'인 셈이다.

경제학자들도 투자와 투기를 구분하는데 상당한 어려움을 겪는다. 벤자민 그레이엄Benjamin Graham은 "투자는 철저한 분석에 근거하고 원금의 안전성과 적절한 수익을 보장하는 것이다. 이러한 요건들을 갖추지 못하면 투기다"라고 했다. 케인즈John Maynard Keynes는 "투자는 장기적인 수익을 예상하고 자본을 투입하는 것이고, 투기는 시장의 가격 변동을 예측해서 수익을 얻는 것이다"라고 정의했다.[2] 경제학자는 아니지만 투자의 귀재로 불리는 워렌 버핏Warren Buffett은 "투자는 자산이 스스로 벌어들이는 수익을 기대하는 것인 반면에 투기는 누군가가 더 높은 가격에 사 줄 거라는 기대에 기반한다"라고 말했다. 종합해 보면 '투자는 장기적인 가치 증가를 통해서 배당금, 이자, 기업 성장 등의 형태로 이익을 취하는 반면에 투기는 시장 심리와 가격 변동에 따른 단기적인 가격 차익을 노린다'라고 정리할 수 있지 않을까?

투자와 투기를 사고파는 대상이 아니라 사고파는 주체의 관점에서 나누기도 한다. 감당할 정도의 리스크를 짊어지는 건 투자이고, 반대로 감당하지 못할 리스크에 운명을 맡기는 건 투기라고 한다. 가령 연봉 1억 원의 직장인이 전 재산인 10억 원을 AI 벤처 기업의 주식에 몰빵하면 투기지만, 같은 AI 벤처 기업의 주식을 10조 원 규모의 펀드를 주무르는 펀드 매니저가 사면 투자라고 한다. 왜냐하면 주가가 폭락하면 이 직장인의 입장에서는 큰 타격을 입고 생계가 곤란해지지만, 펀드 매니저의 입장에서는 이 정도의 손실은 크게 문제가 되지 않기 때문이다. 동일한 대상이라도 판단하고 선택하는 주체의 경제적 위치에 따라서 투자와 투기를 구분하는 시각도 둘의 구분을 불명확하게 한다.

투자는 좋고 투기는 나쁘다는 것도 그렇게 분명한 건 아니다. 개인적인 입장에서 투기로 보이는 무모한 시도가 큰 부를 주기도 하고 투자로 생각되는 것이 큰 손실로 이어지기도 한다. 국가 경제의 입장에서도 그렇다. 투기가 경제에 유익한 영향을 주기도 한다. 또한 투기를 자본주의가 원활하게 돌아가게 하는 윤활유로써 불가피한 요소로 보기도 한다. 왜냐하면 투기가 시장의 모든 정보를 즉각적으로 포착해서 신속하게 가격에 반영시키기 때문이다.

투기로 생긴 버블이 경제 전체를 혼란에 빠뜨리고 개인들에게 피해와 고통을 주지만, 전체 경제에 미친 영향은 항상 부정적이지만은 않다. 예를 들어, 19세기 철도와 20세기 초의 라디오와 자동차 주식 버블은 수많은 개인들을 빈털터리로 만들었다. 하지만 버블 때 투입된 자본과 기술은 이후의 철도, 가전, 자동차 산업의 전성시대를 열었다. 최근의 닷컴 버블도 그렇다. 아마존과 구글(모회사는 알파벳)은 버블의 폐허에서 살아남아서 매그니피슨트 세븐Magnificent Seven의 일원이 되었다. 닷컴 버블은 투기와 탐욕으로 혼란을 초래했지만, 오늘날 디지털 경제의 토양이 되었다.

우리나라에서도 닷컴 버블이 남긴 것이 단지 폐허만은 아니었다. 닷컴 버블 시기에 구축된 인터넷 인프라, 통신망, 그리고 벤처 생태계는 이후 한국의 IT 산업 발전의 초석이 되었다. 당시 실패를 경험한 기업가와 개발자들이 이후 네이버, 카카오, 쿠팡, 엔씨소프트와 같은 성공적인 인터넷 기업의 주역으로 성장했다.

철저한 시장주의자였던 밀턴 프리드먼_{Milton Friedman}은 투기를 부정적으로만 보지 않고 오히려 유동성과 효율성을 제공할 수 있다고 보았다. 버블의 붕괴는 많은 폐해와 고통을 남기지만, 그 과정에서 기술적 인프라와 산업적 교훈이 축적되기 때문이다. 이러한 '버블의 이중성' 때문에 정책 당국과 담당자들은 버블을 초기에 진단하고 판단해서 과감하게 대응하는 데 머뭇거릴 수밖에 없다.

통화 당국이 비트코인이나 암호 화폐에 대해서 굼뜨게 대응하고, 초기에 직접적인 규제 도입을 꺼렸던 이유도 마찬가지다. 2015년 무렵, 한 주요국 중앙은행 총재가 "지금 당장은 암호 화폐가 심각한 피해를 전혀 일으킬 것 같지 않다. 우리는 어떤 혁신에도 걸림돌이 되고 싶지 않다"[3]고 말했다. 10여 년이 지난 지금은 사정이 많이 달라졌다. 비트코인을 비롯한 암호 화폐 시장에서의 투기와 버블을 뒷짐지고 바라볼 수만은 없게 되었다.

탐욕의 광풍이 불면

투자와 투기를 가르는 기준이 명확하지는 않지만, 사람들은 평소에는 나름의 합리적인 기준을 가지고 이성적인 판단을 한다.

하지만 사람들이 집단적으로 탐욕의 광풍 속으로 들어가게 되면 그 기준은 전혀 작동하지 않는다. 경제사학자 찰스 킨들버거_{Charles Kindleberger}는 "친구가 부자가 되는 것만큼 사람의 행복과 판단력을 저해하는 건 없다"라고 했다. 사람들은 합리적이지 않고 자기 합리화에 능통하다. 자신의 생각을 지지하는 통계와 논리만을 선택하고 자신의 신념과 다른 객관적 증거에는 눈을 감는다. 사실 개인은 혼자일 때 광기에 빠지는 경우는 드물다.

월리엄 번스타인_{William Bernstein}은 그의 저서 『군중의 망상』에서 투기 광풍을 만드는 네 종류의 주역이 있다고 보았다. 첫 번째 주역은 음모를 설계하고 주도하는 악당이고, 두 번째 주역은 거기에 매수되는 대중이다. 그리고 세 번째 주역은 흥분도를 극대화하는 언론이고, 마지막 네 번째 주역은 검은 돈을 챙기는 정치인이다. 이러한 네 부류의 주역들이 뭉치면 서로 상승 작용해서 상상을 초월하는, 아무도 못말리는 광기에 빠지게 된다.

왜 다수가 진실에 다가가지 못하고 오히려 광기에 빠지는 걸까? 다수가 모이면 집단 지성으로 진실을 발견할 가능성이 커지지는 않을까?

집단 지성이 발휘되기 위해서는 세 가지 조건이 필요하다고 한다. 개개인의 독립적인 분석력, 다양한 경험 및 전문성 그리고 효과적인 지식 축적이다. 이러한 조건 하에서 독립적이고 전문적인 판단이 모이면 집단 지성이 발휘될 수 있다. 하지만 자신의 판단을 포기하고 "모두가 사니까 다 이유가 있을 거야"라며 다수의 행동을 무조건 합리적이라고 착각해서 남들을 따라 하게 되면, 비합리적인 집단 행동herd behavior이 시장을 지배하게 된다. 더군다나 이번에 기회를 놓치면 평생 후회할 거라는 탐욕에 사로잡히면 버블은 걷잡을 수 없게 부풀어 오른다. 최근의 포모FOMO: Fear of Missing Out 현상이 대표적이다.

역사적으로 투기 광풍은 두 가지 공통점을 가지고 있다. 하나는 사람들을 열광시키는 '신제도 또는 신기술'이고, 다른 하나는 '사람들의 맹신'이다. 신기술은 새로운 부를 창조할 거라는 기대를 형성하지만, 사람들은 그 기술을 검증할 역량이나 정보를 갖고 있지 못하다. 이런 경우에 스스로의 판단을 포기하고 남들이 하는 것, 특히 다수의 판단과 그들이 만들어 내는 서사를 맹신하고 추종하게 된다. 사람들은 사실fact보다 서사를 더 신뢰한다. 더구나 그 서사가 더 큰 이득을 보장할수록 사람들은 열광적으로 빠져든다.

비트코인의 서사가 딱 그렇다. 초기에는 '미래의 화폐'를 표방하더니 이제는 '디지털 금'으로 변신해서 성공을 거두었다. 앞으로도 그 서사는 바뀌면서 투기 열풍을 만들 것이다. 마이크로스트래티지(2025년 2월, 스트래티지로 개명)의 창업자 마이클 세일러는 비트코인이 '사이버 스페이스의 맨해튼'이라며 사람들을 현혹한다. 부동산 신화를 믿는 우리나라 사람들에게는 가장 매혹적인 서사다. 최근의 AI 열풍을 감안하면 'AI 시대의 모노 체인mono-chain'이라는 서사도 머지않아서 등장하리라 예상된다. 사실 탈중앙화 철학에 근간을 둔 비트코인과 빅테크 위주의 중앙화 구조를 가진 AI는 서로 상극이고 긴장 관계인데도 말이다.

서사의 창작자는 계속적으로 그럴듯하게 이야기를 바꾸어 설파한다. 정교하게 만들어지고 수정되는 서사는 사람들의 분석과 판단 능력을 마비시킨다. 서사가 거짓임이 드러날 경우에는 슬며시 이야기를 바꾸기도 한다. 이러다 보면, 웬만한 반대되는 사실들이 제시되어도 그 서사에 대한 믿음을 바꾸지 못한다. 왜냐하면 서사를 믿는 것이 모두에게 금전적으로 이득이 되기 때문이다. 18세기 프랑스 계몽주의를 대표하는 철학자, 작가, 사상가였던 볼테르는 "돈 문제 앞에서는 모두가 같은 종교를 가진다"고 신랄히게 지적했다.

튤립 투기

본격적으로 비트코인을 분석하기에 앞서 역사적으로 인간의 탐욕과 맹신이 만들었던 버블의 대표적인 세 가지 사건을 짧게나마 소개한다. 어떻게 사람들이 황당한 거짓과 유혹에 넘어갔는지를 짚어 보자. 현 시점에서 결과를 알고 보니까 황당하지, 당시에는 그렇게 믿는 게 전혀 이상하지 않았다는 걸 인정해야 한다. 우리가 과거 시점에 서 있었다면 우리 자신 또한 그 거짓과 유혹에 넘어가지 않았으리란 보장은 없다.

투기는 인간의 본성이라고 한다. 그래서 투기는 인간의 역사와 궤를 같이 한다. 인류 최초의 투기는 기원전 2세기경 로마 시대부터 시작되었다고 한다. 조세 징수와 신전 건립을 담당하는 퍼블리카니 Publicani의 주식과 채권이 투기 대상이었다. 화폐 유통과 금융 활동이 활발한 로마에 식민지의 자본과 교역이 집중된 결과였다. 하지만 봉건제를 근간으로 한 자급자족 경제였던 중세 시대에 투기는 억제되었다. 토마스 아퀴나스는 이윤 추구가 부패한 것이고 공동체에 해를 가한다고 생각했다. 그는 "내재 가치보다 싼값에 사서 비싼 값에 파는 것은 정당하지 않을 뿐만 아니라 불법적인 것이다"라고 설파했다.

14~16세기 르네상스를 거쳐 인류가 각성하고 새로운 번영의 시대가 시작되는 시점에서 튤립 광풍이 불었다. 16세기 중엽, 튀르키예에 파견된 네덜란드 대사 오기에르 부스베크가 튤립 뿌리를 네덜란드에 가져왔다고 전해진다. 튤립은 꽃 색깔에 따라 다양하게 분류되었는데, 최상급 꽃은 황실을 상징하는 붉은 줄무늬가 있는 튤립으로 '황제'라고 불렸다. 당초에 튤립은 귀족과 부유층의 전유물이었다.

1630년대 네덜란드에서는 투기가 쉽게 번질 수 있는 경제적 상황이 만들어졌다. 당시 네덜란드는 유럽 국가 가운데 1인당 소득이 최고 수준이었다. 스페인과의 전쟁으로 1620년대는 침체를 경험했지만 1630년대는 호황으로 접어들었다. 네덜란드 동인도 회사의 주가는 두 배 이상으로 상승했고 주택 가격도 폭등했다. 1636년 튤립의 가격은 크게 올랐다. 특히 이국적인 희귀종의 가격이 폭등했다.

뒤이어 희귀종뿐만이 아니라 구다, 스위처, 화이트 크라운 등 대중적인 일반 튤립의 가격도 덩달아 올랐다.[4]

튤립은 알뿌리를 심으면 개화기까지 6~8개월이 걸리고, 하나의 알뿌리가 다수의 새끼 알뿌리를 만들어 낸다. 튤립이 투기의 대상이 된 이유는 새끼 알뿌리가 어떤 꽃을 피울지 모른다는 점이었다. 튤립 꽃의 색깔과 무늬는 뿌리가 어떤 바이러스에 감염되느냐에 달려 있다. 그래서 다음해 봄에 꽃이 피기 전까지는 어느 누구도 그 색깔과 무늬를 확실하게 예측할 수 없었다. 튤립 투기의 도박성과 우연성이 커지고 사람들은 큰 기대를 가졌다.

당초에 튤립 뿌리는 뿌리가 채취되는 여름에만 거래되었다. 하지만 사람들의 광기는 수확 시기까지 기다리질 않았다. 가을에 땅에 심은 튤립도 사고팔았다. 재배 농가는 튤립 뿌리를 심고 거기에 어떤 변종인지를 표시해서 거래했다. 거래는 한 번에 그치지 않았다. 연속적으로 거래되어서 그 내역이 기록되었다. 마침내 튤립 뿌리 거래 계약서가 표준화되어서 은행권이나 주식처럼 거래되었다. 일종의 선물 거래였다. 이런 방식으로 튤립 뿌리는 1년 내내 거래되었다.

튤립 거래는 튤립 재배지를 떠나 도시의 호텔 등에서 1 대 1 거래 또는 경매 방식으로 이루어졌다. 거래의 최종 결제는 미래 시점으로 미루어졌다. 파는 사람은 미래의 정해진 시점에 튤립 뿌리를 인도한다는 약속을 하고 사는 사람은 인도받을 권리를 갖는다. 거래는 어음 결제였고 약속한 시점에서는 시가와 거래 가격의 차이를 현금으로 결제하는 방식이었다. 사실 튤립 뿌리의 인도 여부는 관심사가 아니었고, 실제로 대부분 튤립 뿌리의 인도도 이루어지지 않았다. 계약 가격과 실제 가격의 차이가 주요 관심사였다.

1637년 봄, 튤립 뿌리의 가격은 천정부지로 올랐다. 줄무늬 희귀종인 비자르덴Bizarden 튤립 뿌리 1파운드 가격은 1,200길더로 올랐다. 당시 평균 연간 임금이 약 150~300길더였으니, 당시 노동자의 6년치 연봉이었다. 최상급인 황제 튤립은 고점에서 1만 길더까지 상승했다. 소형 주택의 가격이 2,000~3,000길더였으므로 소형 주택 4채의 값이었다. 투기할 사람들은 이 거액을 준비할 필요가 없었다. 선물 거래를 하면 튤립 뿌리 가격이 오르면 한 푼도 없이 가격 상승한 만큼을 벌 수 있었다. 물론 가격이 하락하면 크게 손해를 볼 수도 있었지만 사람들은 늘 오른다고만 생각했다. 이번 기회에 사지 않으면 큰 돈을 벌 기회를 놓칠지 모른다는 조급함이 더 컸다.

1637년 2월 3일, 튤립 거품은 붕괴되었다. 특별한 원인도 없었다. 단지 하를럼이라는 소도시에서 열린 경매에서 구매자가 나타나지 않았을 뿐이고 그 소문이 시장에 돌았을 뿐이었다. 저가에 내놓은 튤립 뿌리가 팔리지 않자 선물 계약이 파기되고 튤립 시장은 패닉에 휩싸였다. 튤립 뿌리 투자자들은 보유한 어음을 채권 투기꾼들에게 넘기려 했지만 이미 시장은 이를 쳐다보지도 않았다.

1만 길더였던 황제 튤립 뿌리는 가격이 고점 대비 거의 98퍼센트 정도 폭락한 100~200길더가 되었다. 100길더였던 일반 튤립 뿌리는

1~2길더로 폭락했다. 이런 폭락은 불과 몇 주 만에 완성되었다. 튤립 뿌리에 투자했던 중산층과 서민들은 손 쓸 겨를도 없이 98퍼센트에 달하는 손실을 고스란히 떠안아야 했다.

흥미로운 것은 튤립 애호가들은 이러한 투기 광풍에서 한발 물러나 있었다는 사실이다. 초기에 이들은 개인적인 취향으로 희귀 구근의 재배·감식·교환에 적극적이었다. 하지만 열광적인 시세 놀음이 본격적으로 시작되자, 애호가들은 대체로 거리를 두거나 비판적 태도를 보였다. 귀족이나 부유층도 투기 광풍에 휩쓸리지 않았다. 17세기 네덜란드의 공증 문서, 도시 법원 기록, 길드 자료를 검토한 연구에 따르면, 튤립 거래의 주된 참여층은 도시의 중간 계급이었다. 상인·유통업자·직물·염색업 같은 제조 유통업 종사자, 은세공인 등 숙련 장인, 그리고 법률가·의사·공증인 같은 전문직이 다수를 이루었다고 한다. 일반 서민이 버블의 주요 피해자였다.

주식 버블의 원조

요즘 가장 흔하게 버블을 볼 수 있는 곳은 주식 시장이다. 300년 전에도 그랬다. 주식회사라는 개념이 처음 만들어지자 주식 시장에 투기와 사기가 만연했다. 주식회사의 출현은 1500년대로 거슬러 올라가지만 주식 거래가 시작된 것은 1690년대였다. 이전까지 주식 소유는 소수의 부자들에게 집중되어 있었고 대중들은 주식 소유에 관심이 없었다. 1690년대 초까지 주식 매매와 투기는 주로 왕립거래소에서 거래되는 동인도 회사, 로열 아프리칸, 허드슨 베이 등 의회가 인가한 주식만이 대상이었다.

1694년 6월 21일, 영국 의회는 120만 파운드를 정부에 빌려 주는 조건으로 영란은행을 주식회사의 형태로 설립하고 은행권을 발행하도록 인가했다. 영란은행의 공모에는 귀족뿐만이 아니라 각계각층이 참여했다. 스코틀랜드에서는 1695년 아프리카·아메리카·아시아 무역과 식민지 경영을 독점하는 다리언 회사Darian Co.가 설립되어 대중들로부터 주식 청약을 받았다. 당시 스코틀랜드 부의 약 20퍼센트인 무려 30만 파운드가 모집되었다. 20만 파운드는 네덜란드, 독일 등 해외에서 청약을 받았고 일반 대중도 참여했다. 이러한 분위기에서 보물 인양 회사들이 우후죽순처럼 생겨나서 일확천금의 기대를 주며 대중의 투기를 이끌기도 했다.

1696년 영국은 프랑스와의 전쟁을 수행하는 과정에서 재정 적자가 증가되었다. 곧 화폐와 정부 채권에 대한 신뢰가 무너지고 주식에 대한 투자도 위축되어 주가가 폭락했다. 대다수 주식들은 종잇조각으로 전락했다. 1697년에는 140개 주식회사 가운데 40개만이 남았다. 주식에 대한 과도한 투기와 이를 악용하는 사기 등으로 부풀었던 버블은 결국 터지고, 유럽 전체를 공황으로 내몰기도 했다.

대규모 버블은 미시시피 회사(설립 당시 명칭은 프랑스어로

Compagnie d'Occident, 영문으로는 Company of the West였다)를 둘러싸고 만들어졌다.[5] 미시시피 회사의 버블은 1710~1720년대 프랑스의 전쟁 빚더미 위에서 출발했다. '정부 채무를 회사가 인수해서 주식·지폐로 재포장해 소화시킨다'는 발상이었다. 이 실험과 투기의 설계자는 스코틀랜드 출신의 금융가 존 로John Law였다. 그는 1716년 파리에서 방크 제네랄Banque Générale[6]을 세워 금·은 보유고를 담보로 은행권을 발행하고자 했다. 1717년에는 '서인도 회사(별칭이 미시시피 회사다)'를 설립해서 루이지애나 등과의 해외 무역, 식민지 개발 독점권을 프랑스 정부로부터 받았다. 그 대가로 프랑스 정부의 채무를 떠안았다.

미시시피 회사라는 별칭은 이 회사가 미시시피 강 유역의 개발·무역의 독점권을 가졌기 때문이었다. 루이지애나 전역의 무역·토지 분양·광물 탐사·식민 건설을 장기간 독점하는 특허권을 받았고, 정착민 모집과 항만·도시(1718년 뉴올리언스) 조성까지 맡았다. 버블을 키운 주가 광풍의 상징 서사는 '미시시피의 황금 같은 신대륙' 약속이었다. 존 로는 한 손에 은행을, 다른 한 손에는 황금 거위 같은 회사를 거머쥐었다. 작업을 시작할 준비는 완벽했다.

존 로는 1719년 떠맡은 국채를 미시시피 회사 주식으로 전환하는 대담한 부채 정리에 착수했다. 기존 국채 보유자들로 하여금 국채를 미시시피 회사에 넘기고 대신 주식을 받도록 유도했다. 관건은 미시시피 회사의 주가를 지속적으로 올려서 전환이 이익이 된다고 믿게 만드는 것이었다. 주가를 올리는 그의 술수는 의외로 단순했다. 소유한 은행의 은행권을 발행해서 미시시피 회사 주식을 사는 투자 자들에게 대출해 주었다. 그리고 대출해 준 은행권으로 매입한 미시 시피 회사 주식은 대출의 담보로 잡았다. 주식이 담보로 묶이자 시 중에 유통되는 미시시피 주식이 감소하면서 주가는 반대로 폭등했 다. 더 많은 사람들이 주식을 사려하기 때문에 더 많은 은행권이 발 행되고 따라서 인플레이션이 촉발되었다. 인플레이션은 주가를 다 시 올리는 역할을 했다.

지폐 발행이 늘며 유동성이 넘치자 미시시피 회사의 주가는 1719년 1주 가격이 500리브르에서 1720년 1월 1만 리브르 수준으로 까지 폭등했다. 미시시피 회사 주식으로 부자가 되었다는 소문에 프 랑스 전역은 일확천금을 노리는 투기의 광풍에 휩싸였다. 프랑스뿐 만 아니라 영국의 귀족들도 투기에 동참했다.

하지만 버블은 의외로 간단히 터졌다. 1720년 1월, 콩티 왕자 Prince of Conti가 주식을 팔고 금과 은을 샀다는 소문이 발단이었다. 투 자자들이 주식을 팔고 금과 은의 금속 화폐로 바꾸려 하자 은행의 금고는 텅 비게 되었다. 지폐 유통이 과도해서 물가가 들썩이는 것도 상황을 악화시켰다. 존 로는 금은의 보유와 사용을 제한하고 지폐를 유일한 결제 수단으로 만들려는 강경책까지 시도했지만 제너럴 뱅 크는 예금 지급을 못해서 파산했다.

영국에서는 사우스 시 회사South Sea Company, 당시 영국에서는 스페인령 라틴아메

 버블이 생겼다. 사우스 시 회사 버블은 영국 정부의 부채, 금융 공학, 정치적 특혜, 그리고 군중 심리가 겹치며 생겨난 1710~1720년대의 대표적 거품이다. 출발점은 스페인과의 전쟁이 남긴 1,000만 파운드 규모의 국가 부채였다. 1711년, 로버트 할리와 금융가 존 블런트가 주도해서 사우스 시라는 회사를 설립했다. 사우스 시 회사는 정부 부채를 인수하면서 대가로 정부로부터 매년 일정한 이자를 받고, 라틴아메리카 지역에서 스페인 식민지와의 독점 무역권과 흑인 노예 공급권까지 챙겼다. 실제 무역 이익은 미지수였지만, '국가 보증 이자 그리고 식민지 독점'이라는 포장이 투자자에게 '안정성과 성장성'이라는 확신을 주었다.

거품의 핵심 촉매는 1719~1720년의 '채권의 주식 전환' 빅딜이었다. 회사는 정부 부채 전부를 인수해 주식으로 바꿔 준다는 계획을 세웠다. 정부의 채권을 떠안는 방법은 정부 채권 소유자에게 채권 대신 사우스 시 회사의 주식을 주는 방식이었다. 투자자들이 정부 채권을 사우스 시 주식으로 전환하도록 하려면 사우스 시 회사의 주가를 올려야 했다. 주가가 올라야 최소한의 주식으로 채권을 전환해 주고 나머지 주식을 시장에 소화시켜서 이익을 얻을 수 있었다.

사우스 시 회사는 온갖 주가 띄우기에 혈안이 되었다. 채권 전환에 앞서서 주식 청약을 받았다. 채권의 주식 전환 비율이 정해지지 않은 상태에서 주식 청약을 받으니 투자자들의 혼란은 컸다. 하지만 액면가의 3배의 고가에도 주식 청약은 수일 만에 성공적으로 마쳤다. 미시시피 회사의 존 로가 활용했던 수법도 도용했다. 사우스 시 회사는 주식 매입에 필요한 자금을 대출해 주고 그 대신 매입한 주식을 담보로 받았다. 이는 적은 비용으로 주식을 살 수 있게 하고 주식 수요를 확대시켜 주가를 올렸다. 또한 주식 청약시 매입가의 20퍼센트 예치금만 납부하도록 하고 나머지는 추후에 분할 납부하도록 허용했다. 투자자는 정부 채권을 들고 오면 회사 주식으로 교환 받을 수 있었다. 분할 납입, 할부, 옵션성 약정 등 금융 공학이 활용되었다.

주가 상승은 사우스 시 회사뿐만이 아니라 정부와 투자자 모두에게 이익이었다. 주가가 오르면 채권 인수로 지불해야 하는 주식이 감소해서 남는 주식을 시장에 팔아서 정부와 사우스 시 회사가 나눠 가졌다. 주가 상승으로 투자자들이 소유한 주식 가치가 증가했다. 주가는 1720년 1월 약 100파운드 수준에서 6월엔 1,000파운드 안팎까지 폭등했다. 새 주식을 발행하고, 또 그 주식을 담보로 추가 청약을 받는 자기 증폭 구조가 형성되면서, 장외 신용까지 끌어다 쓴 유동성 파티가 벌어졌다.

버블은 사우스 시 회사에 그치지 않았다. 런던에는 수백 개의 신설 회사가 쏟아졌다. 이들은 전혀 실현성 없는 기술적 진보를 앞세웠다. 사우스 시 회사를 모방한 허황된 회사들이 난립했고 시장 전체의 버블은 급속도로 팽창했다. '바닷물에서 금을 뽑겠다' 같은 기상천외한 사업 설명에도 돈이 몰렸고, 투기 열기는 사우스 시 주가를 더 밀어 올렸다. 1695년 500만 파운드였던 런던 주식 시장의 시가 총액은 1720년 여름에는 5억 파운드로 100배 넘게 증가했다.

붕괴는 신용 경색에서 시작됐다. 분할 납입 마감이 다가오자 투자자들은 현금이 필요해졌고, 담보로 잡힌 주식 가격이 흔들리자 추가 담보 요구가 쏟아졌다. 1720년 7~8월, 내부자 매도와 함께 주가는 급전직하했다. 10월엔 200파운드까지 떨어지며 초기 수준으로 회귀했다. 회사가 주가 방어를 위해 대출을 늘리고 자사주 매입을 시도했지만 역부족이었다. 연쇄 반대 매매와 채무 불이행이 터지면서 런던의 신용망이 얼어붙었고, 다른 버블 회사들도 줄줄이 붕괴했다. 1720년대 세워진 190개 기업 가운데 4개 기업만이 버블 붕괴 이후에 살아남았다. "천체의 움직임은 계산할 수 있지만 인간의 광기는 계산할 수 없었다"는 아이작 뉴턴의 손실담은 이 붕괴의 상징으로 남았다.

2000년대 초 닷컴 버블

닷컴 버블은 1990년대 중반부터 2000년대 초반까지 전 세계적으로 일어난 인터넷 기업을 둘러싼 투자 과열 현상이었다. 1990년대 초, 인터넷의 상용화와 함께 개인용 컴퓨터 보급이 급격히 늘어나면서 새로운 시장이 열렸다. 브라우저의 등장으로 누구나 손쉽게 웹에 접근할 수 있게 되었고, 인터넷이 미래의 핵심 인프라로 인식되기 시작했다. 완전히 새로운 디지털 세상의 출현을 예고했다. 상상으로만 그려왔던 세계가 실현되는 듯했다.

닷컴dot.com이라는 이름만 붙이면 기업의 주가는 치솟았다. 실질적인 수익 구조가 검증되지 않은 기업들까지도 '인터넷 기업'이라는 이유만으로 막대한 투자를 받았다. 전통적인 가치 평가 기준이 무시되고, 시장 점유율과 방문자 수 같은 비재무적 지표가 기업 가치를 결정짓는 주요 척도로 자리 잡았다. 이러한 과열된 기대 속에서 수많은 기업이 등장했으나, 실질적인 수익 모델이 부재한 경우가 많았다.

넷스케이프가 1995년 상장 첫날 주가가 폭등하자, '인터넷이 모든 산업을 바꿀 것이다'라는 기대가 사회 전반에 퍼졌다. 이후 수많은 스타트업이 기업 공개IPO: Initial Public Offering를 통해 막대한 자금을 조달했다. 여기에 당시 미국의 저금리 정책과 풍부한 벤처 자금이 큰 몫을 했다. 투자자들은 '적자는 상관없다. 시장 점유율이 중요하다'는 논리에 따라 기업 가치를 과대평가했다.

하지만 이러한 낙관론은 오래가지 못했다. 2000년 들어 미국 연준이 금리를 인상하며 유동성이 축소되었고, 인터넷 기업들의 실적이 기대에 못 미친다는 사실이 드러났다. 대부분의 닷컴 기업들은 매출보다 마케팅 비용이 훨씬 컸고, 사용자 수는 늘었지만 수익으로 전환되지 않았다. 투자자 신뢰가 무너지자 주식 시장은 급락하기 시작했다. 나스닥 지수는 2000년 3월 5,049로 고점을 찍은 이후 하락해서 2002년 10월 1,114로 약 78퍼센트 폭락했다. 수많은 기업이 파산하거나 상장 폐지되었으며, IT 업계는 대규모 해고와 구조 조정을 겪었다. 이로 인해 개인 투자자들은 막대한 손실을 입었고, IT 기업의 수많은 종업원들은 해고의 아픔을 겪었다.

미국의 대표적인 닷컴 기업으로 펫츠닷컴Pets.com이 있었다. 이 회사는 반려동물 용품을 온라인으로 판매하며 큰 주목을 받았다. '모든 제품을 인터넷으로 팔 수 있다'는 당시의 낙관적 상상을 상징했다. 그러나 제품 가격보다 배송비가 더 비싸 수익을 낼 수 없었다. 엄청난 마케팅 비용만 남긴 채 2000년 11월에 파산했다. 또 다른 대표적 사례인 웹밴Webvan은 온라인 식료품 배달 서비스를 표방하며 수십 개 도시에 물류 센터를 건설했지만, 시장 수요를 제대로 검증하지 않은 과도한 인프라 투자였다. 결국 매출보다 훨씬 큰 적자가 누적되며 2001년에 문을 닫았다. eToys.com은 '온라인 장난감 유통의 미래'로 불렸지만, 물류비 부담과 가격 경쟁으로 수익을 내지 못했고 2001년에 파산했다.

미국의 라이코스Lycos는 1994년 카네기멜론대학에서 출발한 검색 엔진으로, 당시 야후Yahoo!, 알타비스타AltaVista 등과 함께 인터넷 포털 시대를 이끌 유망 기업으로 떠올랐다. 1996년 나스닥에 상장한 이후 주가는 치솟았고, 기업 가치는 2000년 스페인 통신사가 125억 달러에 인수할 정도로 부풀려졌다. 하지만 닷컴 버블이 붕괴하면서

라이코스는 4년 뒤 불과 9,500만 달러라는 헐값에 한국의 다음커뮤니케이션에 매각되었다.

라이코스의 한국 버전이 엠파스Empas였다. 1998년에 등장한 엠파스는 초기에 야후코리아, 다음, 네이버와 경쟁하며 빠르게 성장했다. 당시 한국에서도 세계적 흐름과 마찬가지로 '인터넷이 모든 산업을 대체할 것'이라는 기대가 팽배했고, 포털 기업들은 실질적인 수익 구조를 갖추지 못한 채 트래픽 확대 경쟁에 몰두했다. 엠파스 역시 광고 매출을 주요 수익원으로 삼았다. 이용자 확보를 위해 막대한 마케팅비를 지출하며 적자 구조를 벗어나지 못했고, 결국 인수당하며 역사 속으로 사라졌다.

라이코스와 엠파스의 사례는, 인터넷이 막 등장하며 전 세계적으로 기술 낙관주의가 폭발하던 시기의 전형적인 과열과 붕괴의 흐름을 보여 준다. 라이코스와 엠파스의 공통점은 기술의 가치가 아니라 '기대의 서사'가 기업 가치를 결정했다는 점이다. 두 기업 모두 인터넷 시대의 가능성을 상징하며 폭발적으로 성장했지만, 트래픽을 이익으로 전환할 구조가 부재했다. 닷컴 버블의 정점에서 이들의 가치는 천문학적으로 평가되었으나, 불과 몇 년 후 그 가치의 대부분이 증발했다.

한국에서도 닷컴 버블의 영향은 매우 컸다. 1999년을 전후로 벤처 붐이 일어나면서 수많은 인터넷 기업이 등장했고, 코스닥 시장이 폭발적으로 성장했다. 대표적인 사례로는 한미르, 인터파크, 드림라인, 새롬기술 등이 있다. 특히 새롬기술은 '다이얼 패드'라는 인터넷 전화 서비스를 개발해 세계적인 주목을 받았으며, 당시 시가 총액이 수조 원에 달할 정도로 급등했다. 그러나 실질적인 수익 모델이 부재하고 기술 인프라가 미비해 버블이 꺼지자 새롬기술을 비롯한 대부분의 기업들이 큰 타격을 입었다. 코스닥 지수는 2000년 3월 최고점에서 2001년 말까지 80퍼센트 가까이 하락하며 수많은 개인 투자자가 손실을 봤다.

버블은 어떻게 생기고 사라지나

버블을 만드는 사람들

투기적 광기가 버블을 형성할 때는 여러 부류의 그룹이 관여한다. 이들은 주동자instigators, 조력자enablers, 동조자followers 그리고 방조자bystanders로 분류된다. 이들이 애초부터 서로 상대방을 인식하고 공모한 것은 아니다. 자신의 이익을 위해서 독립적으로 행동한다. 하지만 결과적으로는 통합된 하나의 집단으로서 동일한 방향으로 투기를 부추기는 결과를 만든다.

버블의 주동자는 새로운 상품이나 제도를 설계하고, 사람들이 혹할 수 있게 서사를 만들어 퍼뜨리는 사람이다. 확실한 수익을 내세우며 위험이 낮아 보이는 착시를 만들거나 성공 사례를 과장해서

'뒤처지면 손해'라는 느낌을 갖도록 선동한다. 이들의 말은 종종 사실과 섞인 반쪽 진실이다. 신기술 발명자, 그 기술을 활용하는 기업의 창설자, 이러한 기술이나 기업에 대한 초기 투자자들이 주동자 역할을 담당한다.

그런데 최근 금융 버블을 만드는 주동자로서 투자 은행investment banks과 헤지 펀드hedge funds가 주목을 받는다. 과거에 투자 은행이나 헤지 펀드는 기업 공개, 주식 발행, 채권 발행 등을 주관하고 수수료를 받았는데, 이는 조력자의 역할이었다. 하지만 최근에는 레버리지, 분할 납입, 담보 재활용 같은 금융 공학을 통해서 소규모 자본으로 가격을 폭등시켜 착시 현상을 만들어 낸다. 2008년 글로벌 금융 위기 당시에 서브프라임 모기지 등을 섞은 부채 담보부 증권CDO: Collateralized Debt Obligation이 전형적인 사례다. CDO를 사고파는 기관 투자자들마저 그 상품의 구조와 위험성을 이해하지 못했다고 한다.

조력자는 주동자의 설계를 합법적이고 정상적이며 세련된 것으로 보이게 만드는 사람들이다. 규제 기관의 묵인이나 특혜성 허가, 은행의 신용 공급이나 담보 인정, 회계 평가사의 묵인이나 유리한 해석, 미디어나 인플루언서의 확성기 역할, 학계·싱크탱크의 권위 부여 등이 포함된다. 조력자들은 수수료·광고·수임료 같은 보상을 받거나 자신의 목적을 달성하는데 도움을 얻는다. 경계선 상에 있는 애매한 규정을 유리하게 해석하고, 부정적 데이터는 무시하며, 위험 신호가 뜰수록 추가적으로 홍보의 목소리를 높인다. 이들의 검증 기준은 사실이 아니라 서로가 서로를 인용하는 상호 인증으로 바뀐다.

조력자로서 증권사의 애널리스트들도 버블 형성에 큰 몫을 한다. 애널리스트들의 분석과 평가에 따라서 투자자들이 움직이고 주가가 춤을 춘다. 애널리스트들이 매수 의견 대신에 매도 의견을 내기란 극히 어렵다는 건 업계에 잘 알려져 있다. 증권사의 큰 고객인 기업에 대해서 부정적 평가를 할 때 큰 압박을 느끼지 않을 수 없다. 아시아 외환 위기가 목전이었던 1997년에 발행된 1만 5,000개의 주식 투자 보고서 가운데 아시아 투자에 대해서 주식 매도 의견을 낸 보고서는 0.5퍼센트 미만이었다고 한다.

회계 장부 조작으로 파산한 엔론이 자사에 대해 부정적 의견을 낸 애널리스트를 고액의 연봉을 주고 고용한 일도 있었다. 메릴린치에서 엔론을 담당하던 존 올슨John Olson은 엔론의 회계 처리가 불투명하다고 지적했다. 이로 인해서 메릴린치에서 따가운 시선을 받았던 올슨은 엔론의 좋은 직위로 이직했다. 당초에 엔론에 대해서 비판적이었던 올슨이 엔론의 치어리더로 변신한 것은 애널리스트에 대한 불신을 배가시킨 사례였다.

주력자와 조력자만으로 투기 광풍이 불지는 않는다. 광풍이 불고 버블이 형성되려면 환호하고 동조하는 다수의 대중이 있어야 한다. 이들은 서사에 정서적·사회적 신뢰를 보태고, 추종 매수로 가격 상승의 탄력을 만든다. 동기는 다양하지만 공통 분모는 기회 비용의 압박과 소외 공포다. 수익을 캡처해 인증 샷을 올리고 커뮤니티 결속으로 심리적 압박감을 낮춘다. 동조자는 처음엔 신중한 합리적 투자자로 시작하지만, 군집 행동에 휩싸이면 위험 감각이 무뎌진다. 버블의 와중에서 비판자는 '시장의 적'으로 낙인찍히고, 반대 서사는 배신·무지로 해석된다.

투기의 광기는 다수의 동조자가 집단적 최면에 걸리지 않고서는 설명될 수 없다. 새로운 기술과 제도는 모든 사람을 흥분시키고 낙관적 견해를 퍼뜨린다. 그리고 미래는 과도하게 부풀어지지만 누구도 검증하기 어렵다. 처음에는 신기술, 신사업의 수익성을 예상하는 전문가들이 뛰어든다. 그리고 어느 정도 높은 수익률을 보이는 순간, 순진한 사람들조차 앞다투어 뛰어든다. 17세기 튤립 버블의 정점에서는 직공, 구두 장수, 빵 가게 주인, 채소 장수, 농부들이 투기에 뛰어들었다.[7] 오히려 부유한 꽃 애호가들과 암스테르담의 거상들은 튤립 값이 치솟자 시장을 빠져나갔다.

방조자는 버블을 멈추게 할 의무가 있거나 거품의 부작용을 식별하고도 말하지 않거나 늦게 말하는 주체다. 내부 임직원, 감사, 감독자, 산업 단체, 플랫폼 운영자, 대형 광고주까지 포함될 수 있다. 감독 기관의 느슨한 심사와 감독이 전형적이다. '시장이 알아서 정화될 것'이라며 방치하거나, '성장 초기의 불가피한 부작용'으로 포장한다. 이들은 직접 서사를 만들지 않고 이익을 취하지는 않지만 규범과 책임의 그물을 느슨하게 만들어 버블의 수명을 연장시킨다. 방조자는 정치인일 수도 있다. 포퓰리즘에 젖어 유권자 표만을 쫓는 정치인도 방관자일 수밖에 없다.

2024년 11월, 미국 대통령 선거를 앞두고 민주당의 바이든 후보와 공화당의 트럼프 후보는 기존 입장을 바꿔서 암호 화폐에 대한 지원을 공약으로 내세웠다. 암호 화폐에 투자한 유권자가 많아서 부정적인 입장을 취하는 것이 선거에 불리하다는 판단 때문이었다고 한다. 선거 당시 방관자였던 트럼프 대통령은 재선에 성공한 이후에 주동자 내지 조력자로 변신했다.

'악마는 맨 뒤에 있는 놈을 잡아먹는다'

버블은 '자산 가격이 경제 펀더멘털 또는 현금 흐름의 가치와 상당히 차이가 나는 상황'을 말한다.[8] 그런데 버블을 확대하고 가속화시키는 요소가 금융이다. 금융이 제공하는 과도한 부채가 대규모 투기를 조장해서 버블을 키운다. 낙관적 기대와 신용 팽창은 과거의 대규모 투기와 버블 형성에서 빠지지 않는 요인이다.

투기적 광기가 발현되는 시기는 새로운 산업이나 기술 또는 새로운 제도가 출현하는 시기였다. 앞서 언급한 미시시피 회사와 사우스 시 회사 버블은 주식회사와 주식이라는 새로운 제도가 출현하면서 생겼다. 증기 기관과 철도라는 운송 수단의 출현은 1840년대 철도 투기로 이어졌다. 1920년대 미국의 대공황은 자동차와 라디오 발명 등 새로운 산업의 등장에 따른 거품의 결과였다. 1990년대 후반 인터넷 기술의 출현과 정보 통신의 발전이 닷컴 버블로 이어졌다.

하지만 신기술 또는 신제도만으로 투기적 광기가 형성되는 건 아니었다. 투기의 열기는 금융을 만나서 광풍으로 변한다. 역사적인 버블에는 금융 팽창이 그 저변에 자리를 잡고 있다. 슘페터는 사우스 시 회사 버블에 대해서 "1719~1720년에 발생한 투기는 기존 경제 구조와 질서를 뒤엎는 혁신에 의해서 유발되었다"라고 분석했다.[9] 미국의 경제학자 래리 닐_{Larry Neal}도 "투기적 광기나 집단적인 사기도 부분적인 원인이지만 정부의 전쟁 채무를 유동성이 높고 비용이 적게 드는 주식으로 전환하는 기술이 더 큰 원인이다"[10]라고 주장했다.

버블은 시장에서 단독적으로 형성되지 않는다. 시장을 둘러싼 여러 요소들이 상호 작용해서 버블을 키운다. 단순히 경제적인 요인만이 작용하는 것도 아니다. 정치는 시장을 규제하거나 반대로 조장하는 법과 규칙을 만든다. 투기에 대한 정치적 후원과 지지는 버블을 키우는 중요한 요소다. 사우스 시 회사 버블의 시초는 영국 정부가 기존 채권의 주식 전환을 허용한 것이었다. 이는 투자자들에게 주식을 사라고 하는 메시지를 준 것과 다름없었다. 주식 전환 비율을 정하지 않은 것도 주식 부풀리기의 원인이 되었다. 조지 1세가 주가를 터무니없이 높은 1,000파운드로 책정한 3차 주식 청약에 참여한 것이 투기를 부추겼다.

버블의 대상은 보통의 사람들이 이해하기 어렵다는 공통점을 갖는다. 최초의 버블이라는 튤립도 도대체 이 튤립 뿌리가 어떤 희귀한 변종 꽃을 피울지 알 수 없다. 내년 봄이 되어 꽃이 나와야만 알 수 있다. 변이 자체는 인간의 영역이 아니다. 미시시피 회사나 사우스 시 회사의 경우, 당시 유럽인들은 멀리 대서양 건너 미국이나 남미의 세세하고 정확한 정보는 알 수 없었다. 대신 신세계에 대한 막연한 동경 때문에 버블 주동자의 서사에 넘어갈 수밖에 없었다. 광활한 미시시피 지역이나 남미의 개발 사업이 얼마나 큰 이익을 낼지 일반인들은 가늠조차 할 수 없었다. 2008년 글로벌 금융 위기를 촉발한 부채 담보부 증권도 마찬가지였다. 서브프라임 모기지 채권을 모아 증권화한 것으로, 증권 전문가들도 그 리스크를 계산하기 어려웠다.

버블은 한 국가에 국한되지 않는다. 네덜란드에서 튤립 값이 치솟자 프랑스 북부와 파리 근교에 튤립 시장이 개설되었다. 미시시피 회사와 사우스 시 회사의 경우에 투기 열풍은 네덜란드, 독일, 스페인으로까지 번졌다. 비트코인을 비롯한 암호 화폐의 버블도 마찬가지다. 비트코인은 출생부터 국적이 따로 정해지지 않은 국제적 산물이고 그 거래도 국경 없이 이루어진다. 금융 선진국뿐만 아니라 개도국, 빈곤국에서도 활발하게 거래된다. 도대체 어느 국가 사람들이 비트코인을 얼마나 소유하고 있는지 정확한 숫자조차 알 수 없다.

흥미롭고 기이한 건, 투기에 발을 담근 사람들은 본인들도 허황된 가격으로 산다는 걸 안다는 것이다. 그리고 결국 언젠가는 버블이 터지고 누군가는 모든 걸 잃는다는 걸 충분히 인식한다. 월가 펀드 매니저 출신으로 암호 화폐 투자자인 마이크 노보그라는 "이것은 우리 생애 가장 큰 거품이 될 것이다. 이 거품에 올라타면 엄청난 돈을 벌 수 있고 우리는 그렇게 할 계획이다"라며 노골적으로 거품을 인정하면서도 이를 통해 부를 쌓겠다고 결의를 다졌다. 그렇다. 대다수가 거품인 걸 안다. 그런데도 왜 잔뜩 거품 낀 비트코인을 살까? 그건 본인이 충분히 현명하고 발빠르게, 거품이 터지기 전에 탈출할 수 있다고 자신하기 때문이다. 과연 그럴까?

에드워드 챈슬러의 금융 투기에 관한 저서의 제목은 『Devel take the hindmost』다. 직역하면 '악마는 맨 뒤에 있는 놈을 잡아먹는다'라는 뜻이다. 동작 빠른 놈은 살아남고, 어리숙하고 느린 사람이 손해를 뒤집어쓴다는 의미다. 나보다 더 어리석은 바보가 있을테니 거품이 터지기 전에 팔고 나올 수 있고 생각한다. 이러한 근거 없는 자신감이 위험한 불길인 줄 알면서도 투기판에 뛰어들게 하는 것이다. 그런데 상황이 생각대로 되지 않는 건 거품의 말기에는 모든 사람이 다 이런 생각을 한다는 것이다. 분명한 건 누군가는 손실을 떠안아야 한다는 것이다.

이번엔 다르다?

비트코인은 그 이전에 버블을 만들었던 튤립, 주식회사, 부동산 개발, 벤처 기업 등과는 달리 볼 수도 만질 수도 없다. 비트코인이 어떤 용도로 유용성을 가질 지도 불투명하다. 많은 경제학자나 금융인들이 비트코인 투기가 위험하다고 경고하지만 사람들은 믿지 않는다. 그러면서 하는 말이 '이번엔 다르다'는 것이다. 오히려 보고 만질 수 없으며, 무슨 용도로 사용될지도 모른다는 점이 신비로운 환상과 기대를 지속적으로 만든다. 하나의 환상이 깨지면 또 다른 환상이 만들어지고 기대는 계속된다.

수많은 경제학자, 월가의 투자자, 금융계의 인사들이 비트코인의 문제점을 지적하고 있다. 노벨상 수상자인 로버트 실러는 비트코인을 "튤립 버블과 유사한 대중적 서사로 지탱되는 투기 현상"이라고 했다. 암호 화폐 시장의 대표적 비판자로 알려진 누리엘 루비니는 비트코인을 '모든 버블의 어머니the mother of all bubbles'라고 칭한다. 금 투자자인 피터 시프는 비트코인을 '디지털 튤립'이라고 부르며 금과 비교할 가치조차 없다고 주장한다.

비트코인이 세상에 나온 지 이제 15년이 지났다. 그런데도 아직도 버블은 꺼지지 않고 있다. 아니 오히려 버블이 더 부풀려지고 있다. 사람들은 지금까지 장기간 가격이 유지되고 계속 오르는 것 자체가 버블이 아니라는 걸 반증한다고 주장한다. 그리고 시장에서 이런 주장이 설득력 있게 받아들여지고 있다. 비트코인 가격이 계속 오른다는 사실 자체가 비트코인이 가치가 있기 때문이라고 한다. 사실은 그 반대인데도 말이다. 버블이 아니어서 계속 가격이 오르는 게 아니고 버블이 아니라는 착각 때문에 비트코인 가격이 오른다. 비트코인이 가치가 있기 때문에 가격이 계속 오르는 게 아니고 사람들이 계속 사서 가격이 오르기 때문에 가치 있어 보이는 것인데도 말이다.

비트코인이 버블이 아니라는 주장은 '튤립과 달리 비트코인은 폭락 후에도 반복적으로 반등해 왔다'는 점을 내세운다.[11] 튤립 투기는 한 번 붕괴된 뒤 회복되지 않았지만, 비트코인은 2011년, 2013년, 2017년, 2021년 등 여러 차례 거품 붕괴로 불릴 만한 급락을 겪었지만 다시 최고가를 경신해 왔으므로 '일회성 광기'가 아니라는 것이다. 하지만 경제사적으로 보면, 다수의 버블 자산 역시 붕괴 이후 여러 차례 반등을 경험했다. 1929년 대공황 이후 미국 주식 시장, 2000년 닷컴 버블 이후의 기술주, 1990년대 일본 부동산 역시 장기간에 걸쳐 부분적 반등과 재조정을 반복했다. 버블의 핵심 특징은 '한 번 폭락하면 끝난다'가 아니라, 가격이 기대와 서사에 의해 자기 강화적으로 형성되다가 펀더멘털과 괴리되는 과정이다. 반등의 존재 자체는 버블을 부정하는 결정적 증거가 아니다.

반등이 버블이 아님을 증명하느냐 마느냐는 반등의 원인이 무엇이냐에 달려 있다. 비트코인의 반등은 기술적 개선이나 실사용 확대

보다는, 기관 투자 진입, ETF 승인 기대, 통화 불안, 반감기 등 새로운 서사에 의해 촉발되어 왔다. 기업의 주가가 신기술 개발, 신상품 발매, 신시장의 개척 등으로 매출과 이익의 증가에 의존하는 것과 다르다. 가치의 축적이라기보다 서사의 교체와 기대의 재점화로 설명된다. 가격이 반등했다는 사실만으로 그 반등이 '내재 가치의 회복'인지, '다음 사이클의 투기적 기대'인지는 알 수 없다. 아직 버블이 진행 중이라는 사실만을 얘기할 뿐이다.

유발 하라리는 그의 저서 『호모 사피엔스』에서 '인간은 가상의 스토리를 만들고 집단적으로 이를 믿는 경향이 있다'고 했다. 가상의 스토리는 그럴듯하지 않아도 된다. 오히려 확인 안 된 스토리가 더 신뢰를 주기도 한다. 이렇게 장기간 버블이 꺼지지 않고 오히려 키워지는 이유는 암호 화폐가 보이지도 않고 그 기술이 이해하기 어렵다는 점 때문이다. 버블의 대상이었던 튤립과 비교해서 가상 화폐는 보이지도 않는다. 해가 지나고 시간이 지나도 사실이 100퍼센트 확인되지는 않는다. 반면 주식은 몇 년이 지나면 기업의 미래 수익성에 대한 진위가 확인되고 버블은 터진다.

비트코인 버블이 계속 유지되는 이유 가운데 하나는 서사를 바꾸기 때문이다. 당초에는 '탈중앙화된 미래의 화폐'라는 스토리로 포장되었다가 이제는 가치 저장 수단으로서 '21세기의 디지털 금'이라는 서사로 재포장되어 찬양되고 있다. 우리 눈에 보이지 않고 기술이 이해하기 어렵다는 장점 때문에 가능하다.

비트코인 홍보론자들은 비트코인을 'AI 시대의 결제 수단'으로 재포장하는 서사를 내놓고 있다. 이러한 서사 전환 역시 기술적 필연성보다는 가격 상승 기대를 자극하는 서사적 재구성일 뿐이다. AI 에이전트들이 자동으로 거래하고, 소액 결제를 반복하며, 글로벌 네트워크에서 활동한다는 미래상을 가정한다면 AI 시스템이 필요로 하는 것은 빠른 처리 속도, 낮은 수수료, 높은 확장성, 가격 안정성이다. 그러나 비트코인은 기본 설계상 초당 처리 건수가 제한되어 있고, 수수료는 네트워크 혼잡도에 따라 크게 변동하며, 가격 변동성 역시 매우 커서 대규모 자동화 결제 시스템에 적합하다고 보기 어렵다. 그리고 AI와 결제의 결합이 반드시 탈중앙화된 블록체인을 필요로 하지도 않는다. 기업이 운영하는 AI 서비스 간 결제는 중앙화된 정산 시스템으로도 충분히 구현 가능하다. 실제로 오늘날의 클라우드 서비스, API 호출 비용 정산, 광고비 자동 정산 등은 이미 중앙화된 시스템에서 효율적으로 이루어지고 있다.

버블은 터지기 전까지는 마냥 오를 것처럼 보인다. 하지만 신규 매입 자금이 사라지고 가격이 하락하면 버블은 순식간에 꺼진다. 비트코인 투자를 권유하는 사람들이 많은 이유가 바로 이 때문이다. 신규 투자자가 없으면 비트코인 버블은 꺼지기 때문이다. 투자를 권유하면서 황당한 예상 수익률을 제시한다. 비트코인이 2030년에는 100만 달러 할 거라고 유혹한다. 이번에 기회를 놓지면 영영 부자가 될 수 없다고 협박하는 수준이다.

　　비트코인 투기를 부추기는 사람들이 사라고 하는 근거를 보면 실질적인 내용은 없다. 단 두 가지 이유만이 있다. 하나는 지금까지 비트코인 가격이 오르락내리락하면서도 결국 올랐다는 것, 그래서 앞으로도 계속 오를 것이라는 주장이다. 다른 하나는 공급은 없는데 사려는 사람이 아직 많다라는 것이다. 왜 신규로 수요하는 사람이 생기는지에 대해서는 아무런 근거를 대지 못한다. 다만 가격이 오를 것이 예상되므로 사고자 하는 사람들이 계속 늘어난다는 것이다. 누가 들어도 순환 논리일 뿐이다. 가격이 오를 것이 예상되므로 새로운 수요가 생기고, 새로운 수요가 생기니 가격은 오를 수밖에 없다는 설명이다.

　　비트코인 가격이 투기에 의한 버블임을 확신하는 이유는 이것이다. 나는 '투기란 순전히 가격 변동만을 예측해서 수익을 도모하는 행위'라고 본다. 그러한 투기로 생긴 것이 버블이다. 부동산, 주식, 금·은 등도 투기가 있고 버블이 생긴다. 그런데 기존 주식 시장이나 부동산 시장, 원자재 시장에서의 버블과 비트코인 버블이 다른 점은 무엇일가? 주식이나 부동산의 버블이 터지면 그 가격은 폭락하고 결국은 버블이 빠진 가격으로 수렴한다. 주식의 경우에는 기업의 가치에 상응하는 수준으로 내려가고 주택의 경우에는 임대 수익에 상응하는 수준으로 내려갈 것이다. 반면에 비트코인은 하방 지지선이 없다. 왜냐하면 99퍼센트가 투기이고 버블이기 때문이다. 하방 지지선이 있다면 비트코인을 투기 목적이 아닌 사용할 목적으로 보유한 사람들이 생각하는 적정 가격일 것이다. 그 지지선이 1달러일지 100달러일지 알 수 없다.

투기에 의한 버블을 확인하는 다른 길은 무엇 때문에 가격이 오르는지 살펴보는 것이다. 부동산이라면 도로 등 인프라가 개선되든지 신규 인구가 유입된다든지 하는 이유가 있다. 주식 같으면 그 해당 기업이 신상품을 개발하거나 신규 시장을 개척하든지 아니면 생산성 제고로 경쟁력이 향상되는 등 여러 가지 이유가 있다. 비트코인은 어떠한가? 오로지 한 가지뿐이다. 사려는 투기 자금이 유입되었다는 이유 하나다. 비트코인이 지급 수단으로 더 광범위하게 사용되거나 새로운 용도로 활용될 수 있는 기술이나 사업이 창출되지도 않았다. 오로지 유입 자금이 가격을 올리는 상황이다.

바로 이것이 암호 화폐 옹호자들이나 투자자들이 비트코인 투자를 적극적으로 유치하려고 발버둥치는 이유다. 삼성전자의 미래 수익성을 예측하고 주식을 산 개인은 이렇지 않다. 오히려 조용히 삼성전자 주식을 사 모으거나 가족이나 절친에게만 살짝 귀띔해 준다. 부동산도 마찬가지다. 자기만 아는 호재 때문에 아파트를 샀다면 친척이나 가까운 동료에게만 알려 준다. 그런데 비트코인은 어떤가? 비트코인에 돈을 묻은 사람들은 안다. 새로운 돈줄이 생명줄인 것을.

이제 본격적으로 비트코인을 비롯한 암호 화폐의 출생에서부터 성장하는 과정을 살펴보자. 암호 화폐의 본질을 생각해 보기 전에 개략적으로 암호 화폐 시장을 파악하는 게 도움이 될 것이다.

비트코인과 다양한 암호 화폐

비트코인의
'중앙 권력에 의존하지 않는 경제 질서'라는
철학은
암호 화폐의 뿌리다.

이후의 다른 암호 화폐들은
줄기와 잎,
열매로
뻗어 나가며
전체 생태계를 만든다.

비트코인, 왕좌의 자리

비트코인 이전의 시도들

비트코인은 어느 날 갑자기 번뜩 떠오른 천재의 독창적인 발명품이 아니다. 20~30년에 걸친 여러 기술자와 암호학자의 실험, 그리고 디지털 화폐를 향한 실패와 축적의 역사 위에서 탄생한 작품이다. 비트코인 이전에도 중앙은행과 금융 기관의 통제를 받지 않는 디지털 화폐를 만들고자 여러 차례의 시도가 있었다. 하지만 그 어떤 시도도 탈중앙적이지만 보안성이 강한, 실제 작동하는 디지털 화폐를 실현하지 못했다. 비트코인은 그 한계를 넘어선 최초의 성공적 사례였고, 사토시 나카모토는 이전의 시도들을 결합한 최종 조립자였다.

디지털 화폐에 대한 탐구는 1980년대 데이비드 차움David Chaum에서 시작된다. 그를 '전자 화폐의 아버지'라고 한다. 그는 프라이버시를 보장받으면서도 전자 환경에서 사용할 수 있는 현금을 만들려고 고민했다. 중앙은행과 상업 은행이 모든 거래를 들여다보면 개인의 자유가 심각하게 훼손된다는 문제 의식이 출발점이었다. 차움은 블라인드 서명blind signature이라는 암호학적 기법을 고안해, 제3자가 거래 내용을 모르는 상태에서 전자 현금을 발행·사용할 수 있는 방법을 제시했다. 기술적으로는 선구적이었지만, 중앙 서버를 필요로 하는 구조였던 탓에 완전한 탈중앙 디지털 화폐로 발전하지 못했다.

1990년대에 사이퍼펑크cypherpunk 운동이 등장했다. 이들은 인터넷이 확산되면서 정부와 테크 기업의 감시가 강화되고, 개인의 재산과 정보가 모두 중앙 서버에 의존하는 현실에 강한 위기감을 느꼈다. 기술이 권력의 도구가 아니라 개인의 자유를 지키는 수단이 되어야 한다는 철학 아래, 익명성·탈중앙성·검열 저항성에 기반한 디지털 화폐를 고민했다. 이 시기에 비트코인의 핵심이 된 아이디어들이 잇따라 등장했다.

비트코인에 가장 직접적인 기술적 영향을 미친 건 1997년 아담 백의 해시캐시Hashcash였다. 그는 이메일 스팸을 막기 위해 '작업 증명POW: Proof of Work' 기법을 고안했다. 컴퓨터가 일정한 연산 퍼즐을 풀어야만 메시지를 보낼 수 있게 하는 방식이다. 이는 나중에 비트코인이 채굴과 네트워크 보안에 그대로 응용한 개념이다. 작업 증명은 엄청난 계산 작업을 통해 정당성을 증명하고 그 대가로 보상을 받는 구조로, 중앙 권력 없이도 비트코인의 신뢰성과 보안성을 유지하는 핵심 메커니즘이다.

1998년 닉 자보Nick Szabo의 비트골드Bit Gold는 비트코인과 가장 비슷한 설계를 가진 프로젝트였다. 자보는 디지털 세계에서도 금처럼 희소성과 가치 보존 능력을 가진 자산을 만들 수 있을지 고민했다. Bit Gold는 사토시가 차용하는 핵심 요소인 작업 증명, 디지털 희소성, 체인 형태의 기록 구조를 이미 갖고 있었지만, 여전히 완전한 탈중앙 분산 합의를 이뤄 내지 못해 실제 사용으로 이어지지 못했다. 자보는 동시에 '스마트 계약smart contract' 개념을 발표하여 이후 블록체인 발전에도 지대한 영향을 남겼다.

웨이 다이Wei Dai는 '비-머니b-money'라는 중앙의 권한이 없는 분산화된 전자 화폐를 제안했는데, 이를 비트코인 백서에서 사토시가 직접 인용하기도 했다.[12] b-money는 익명 경제 시스템을 구현하기 위해 네트워크 참여자들이 공동으로 장부를 유지하는 방식을 제시했다. 실제 구현은 되지 않았지만, 분산 원장distributed ledger이라는 현대 블록체인의 기본 개념을 처음 제안한 것으로 평가된다.

할 피니Hal Finney는 RPOWReusable Proof of Work를 통해 작업 증명 기반 토큰을 재사용하는 방법을 연구했다. '채굴해서 만든 작업 증명 토큰을 한 번 쓰고 버리지 않고 다시 쓸 수 있게 하는 기술'이다. 실제로 2009년 1월 12일, 사토시가 전송한 첫 비트코인 10BTC를 받은 사람도 할 피니였다. 그는 비트코인이 살아남기 위해 필요한 보안, 탈중앙화, 합의 구조에 있어서 매우 중요한 기술적 조언을 남겼고, 비트코인 등장 초기에 사실상 공동 실험자였다.

많은 사람들은 할 피니가 사토시 나카모토라고 생각한다. 그만큼 비트코인 초기에 개발의 중심에 있었다. 사토시 나카모토는 2011년 4월 이후 "I've moved on to other things"라는 마지막 이메일을 남기고 사실상 활동을 중단했다. 그런데 할 피니는 당시 루게릭병으로 전신이 마비된 상태에서도 글을 썼고, 2014년 8월 28일 사망했다. 생전에 그는 자신이 사토시 나카모토가 아니라고 극구 부인했음에도 불구하고 이웃 이름이 '도리안 사토시 나카모토'라는 사실이 언론에 보도되면서 사토시가 될 수 있는 1순위 인물로 굳어졌다.

이외에도 e-Gold, Liberty Reserve 같은 시도들이 있었으나 모두 중앙 서버를 필요로 하거나, 자금 세탁과 범죄 악용에 취약해 결국 정부의 단속으로 사라졌다. 이러한 시도들은 공통적으로 디지털 자산을 복사해 중복 사용하지 못하게 하는 문제, 즉 '이중 지불 문제 double spending'를 해결하지 못했다. 어느 시점에서든 중앙 서버가 필요했기 때문이다.

비트코인은 이 모든 실패를 관찰한 뒤 등장했다. 사토시는 해시캐시의 작업 증명 방식을 차용하되, 난이도 조절 알고리즘과 '가장 긴 체인 규칙'[13]을 더해 완전한 분산 합의를 이뤄냈다. Bit Gold의 디지털 희소성을 발전시켜 2,100만 개의 총 발행량 규칙을 만들었고,

b-money의 분산 구조를 통합해 수천 개의 노드node가 동일한 장부를 유지하면서도 공격을 버틸 수 있는 시스템을 구축했다. 이렇게 마련된 비트코인 블록체인은 중앙 서버 없이도 거래 순서를 확정하고, 이중 지불을 방지하며, 네트워크 자체가 스스로 생존하도록 설계되었다.

비트코인의 탄생

비트코인을 모르는 사람은 없다. 비록 기술적으로 충분히 이해하는 사람들은 많지 않지만 비트코인 이름만큼은 모르는 사람이 없을 정도다. 비트코인은 암호 화폐 세상에서 '넘사벽'이다. '최초, 최고, 최대'의 암호 화폐다. 2025년 11월 14일 기준으로 보면, 전 세계 암호 화폐 시장의 시가 총액이 약 3조 달러인데, 이 가운데 비트코인 시가 총액은 약 2조 달러다. 2위인 이더리움은 3,800억 달러라고 한다.[14] 비트코인이 시장의 약 2/3를 차지하고 있다. 비트코인의 암호 화폐 시장 점유율을 '비트코인 도미넌스'라고 하는데 비트코인의 지배력을 나타내는 지표로 활용된다.

비트코인의 탄생은 너무나 조용했다. 2008년 10월 31일, '사토시 나카모토'라는 익명의 인물 또는 집단이 9쪽짜리 논문[15]에서 중앙 기관 없이 이중 지불을 막는 방식을 제시했고, 이 설계도가 오늘날 비트코인 네트워크의 원형이 되었다. 2009년 1월 3일엔 첫 블록(제네시스 블록이라고 한다)이 채굴되었는데, 그 안에는 'The Times 03/Jan/2009 Chancellor on brink of second bailout for banks(영국 재무장관의 두 번째 구제 금융 임박)'라는 문장이 새겨졌다. 금융 위기 한복판에서 영국 정부의 무분별한 은행 구제에 경종을 울리는 메시지였다.

비트코인은 기존의 화폐들과 어떻게 다를까? 비트코인은 실물로 존재하는 동전이나 지폐 같은 법정 화폐와 달리 실물이 없다. 디지털 코드로 존재할 뿐이다. 하지만 실물이 없다는 점에서는 기존의 은행 예금도 마찬가지다. 은행 예금은 실물의 이동 없이 거래된다. 단지 통장에 찍히는 숫자가 전부다. 은행 간 거래 그리고 중앙은행과 은행 간 거래 또한 실물 없이 계좌 간 이체로 거래가 완성된다. 미국은 90퍼센트, 영국은 97퍼센트가 이런 식으로 물리적 거래 없이 전자식으로 완성된다.[16] 하지만 우리는 예금이나 계좌로 거래되는 걸 암호 화폐라고 하지 않는다. 왜냐하면 법정 화폐를 채용하면서 단지 지급과 청산이 디지털식으로 완결되었을 뿐이기 때문이다. 비트코인은 스스로 법정 화폐를 대체하는 화폐를 지향한다는 점이 다르다.

디지털이라는 점에서 비트코인은 기존의 대한항공의 마일리지, 아프리카TV의 별풍선, 싸이월드의 도토리와도 유사하다. 이들도 실물 없이 디지털 형태로 존재한다. 이들은 사용자나 회원들 사이에서 거래되고 가격이 형성된다는 점에서 비트코인과 유사하다. 하지만 이들 가상의 자산들은 화폐의 기능보다는 토큰으로 활용된다는 점에서 기존 화폐를 대체하고자 탄생한 비트코인과는 차이가 있다.

비트코인은 가상 화폐 또는 암호 화폐라고 불리운다. 가상 화폐라는 이름보다는 암호 화폐로 불리는 게 그 본질적인 특성을 명확하게 드러낸다. 암호 화폐는 모든 정보가 암호화되어서 블록체인 기반으로 거래된다. 이러한 성질로 인해서 중앙 관리자가 없다는 점이 큰 특징이고, 은행이 관리하는 디지털 화폐인 예금이나 회사가 관리하는 다른 디지털 토큰과 차별화된다. 암호화되어 다수가 중복 관리하기 때문에 중앙 관리자가 없어도 변조와 위조 그리고 이중 지불이 불가능하다.

비트코인은 여러 가지 측면에서 정교하게 설계된 암호 화폐로 평가된다. 비트코인은 2,100만 개만 채굴되도록 설계되었다. 채굴되는 비트코인 양은 매 4년마다 절반으로 감소해서 2040년이면 채굴은 99퍼센트 이상 진행된다.[17] 2024년 말 기준으로 이미 90퍼센트 이상이 채굴된 상태다. 이렇게 사전에 정해진 공급량을 투명하고 경쟁적인 작업 증명으로 불리는 '채굴mining'이라는 절차를 통해서 배분한다는 점이 비트코인의 가장 매력적인 측면이다. 이러한 채굴 방식 면에서 이후의 다른 암호 화폐들과 확연히 차이가 난다.

비트코인이 항간의 주목을 받은 데는 세 가지 요인이 작동했다. 첫째, 비트코인은 정해진 양만큼만 채굴·발행되기 때문에 가치가 안정적이다. 둘째, 중앙은행이나 은행 시스템 없이 개인과 개인 간에 거래가 완결된다는 점에서 익명성이 강하다. 셋째, 돈이 권력으로부터 자유로워짐으로써 권력으로부터 개인의 자유를 확대시키려는 사람들에게는 새로운 경제 질서를 만들 수 있다는 희망을 주었다.

성장이 늘 직선만은 아니었다

2010년 5월 22일, 플로리다에서 '라즐로 한예츠'라는 사람이 비트코인 1만 개로 피자 두 판을 샀다. 디지털 토큰이 현실 재화와 교환된 역사적인 사건이었다. 한예츠는 초기 비트코인 채굴자로서, 컴퓨터중앙처리장치CPU로 채굴하던 시기에 그래픽 카드GPU를 활용한 채굴 방법을 사용해서 전 세계 채굴량의 약 50퍼센트 정도를 채굴한, 당시에는 채굴의 절대 강자였다. 매년 이 날은 '피자 데이'로 기념된다. 그날까지 비트코인은 출생으로부터 긴 시간을 조용히 보내야 했다. 2008년 가을, 가명의 사토시 나카모토가 전자 우편 목록에 올린 짧은 백서는 한동안 소수의 개발자들 사이에서만 회자되었다. 그리고 2009년 1월, 제네시스 블록[18]이 찍히는 순간 실험은 현실이 되었다. 하지만 비트코인 사용은 최초로 채굴된 지 1년 4개월 만에 이루어졌다. 이후로도 비트코인의 성장 여정이 늘 직선만은 아니었다.

초기의 비트코인은 소수의 커뮤니티에서의 실험에 가까웠다. 그러나 실험은 예상치 못한 방식으로 대중의 눈길을 끌었다. 불법 거래 사이트 실크로드Silk Road가 비트코인을 결제 수단으로 사용했고,

사법 당국의 대규모 압수·폐쇄가 이어지자 비트코인은 순식간에 사회면의 주인공이 되었다. 암흑 세계에서의 비트코인 사용은 비트코인의 익명성과 검열 저항성을 확실하게 증명했지만, 동시에 화폐로서의 도덕성과 규제 필요성에 대한 논쟁을 일으켰다.

비트코인은 세상으로 나왔지만 비트코인 네트워크를 둘러싼 바깥 세상과의 연결은 문제가 많았다. '비트코인을 돈으로 바꿔 주는 문'의 취약성이 드러난 것이다. 2011~2013년 가격 급등과 함께 거래소가 우후죽순 생겨났지만, 2014년 당시 최대 거래소였던 마운트곡스Mt. Gox가 수십만 비트코인을 잃고 파산하면서 비트코인의 구조적 취약성과 규제 공백이 드러났다. 이 사건은 비트코인 생태계를 통째로 뒤흔든 첫 대형 사건이었다. '내가 키를 갖고 있지 않으면 내 코인이 아니다Not your keys, Not your coins'라는 값비싼 교훈을 남겼다. 네트워크 자체는 회복되었지만, 거래소 같은 입출구on- and off-ramp가 무너지면 비트코인의 기반이 무너진다는 엄중한 현실을 가르쳤다.

비트코인이 실제로 화폐로 기능할 수 있는가라는 막연한 의문에 대한 답변을 더 이상 미룰 수 없게 상황이 급변했다. 거래가 늘자 체인은 붐볐고 대기 시간도 길어졌다. 블록을 확장해서 처리량을 늘리자는 주장이 거세졌고, 반대편에서는 기본 규칙은 그대로 유지하고 확장은 다른 레이어layer에서 하자고 주장했다. 이 비트코인 '블록 크기 논쟁'은 한마디로 '어떻게 막히는 길을 뚫을 것인가?'를 두고 벌어진 충돌이었다. 한쪽은 블록 자체를 키워(차선을 늘려) 당장 더 많은 거래를 담자고 주장했고, 다른 쪽은 기본 블록(레이어1)은 종전대로 유지하고(고속도로는 좁지만 튼튼하게) 확대된 교통량은 보조 도로(레이어2)를 새로 깔아서 처리하자고 맞섰다.

이 논쟁은 2015~2017년 정점으로 치달았다. 개발·채굴·사업자 커뮤니티가 여러 제안을 내놓으며 정치력과 기술력이 뒤섞인 치열한 논란으로 번졌다. 원래의 비트코인 체인BTC은 보수적 레이어1을 유지하는 한편 새로운 레이어2를 추가하는 방법을 택했고, 분기한 체인BCH: 비트코인 캐시은 블록을 확장(1MB→8MB[19])해서 더 많은 거래를 직접 레이어1에 담는 방법을 택했다. 이 논쟁과 분리 과정에서 '합의에 의한 분리hard fork: 하드 포크'가 얼마나 느리고 고통스러운 과정인지를 경험했다.

확장 논쟁이 정리되자, 비트코인은 차츰 제도권의 문턱을 넘기 시작했다. 인플레이션과 초저금리라는 거시 환경 속에서 '디지털 골드'라는 서사가 설득력을 얻자, 비트코인은 위험한 실험에서 대체 투자로 모습을 바꾸었다. 스트래티지는 2020년 8월 비트코인을 '주요 재무 준비 자산'으로 채택해 회사 자금으로 최초 대규모 매수를 단행했고, 2021년 2월엔 테슬라도 15억 달러 규모 매수를 공시해 상장사의 보유를 대중화했다. 같은 해 10월 페이팔이 매수·보유·결제 기능을 열면서 소매 투자자 접근성이 크게 높아졌다.

하지만 2022년 봄, 한국계 프로젝트 테라USD 붕괴가 암호 화폐 전반의 신뢰를 흔들었다. 그리고 그해 11월 대형 거래소 FTX의 연이은 파산은 '중앙화된 커스터디·레버리지·불투명 거버넌스'의 위험을 적나라하게 보여 줬다. 두 사건은 비트코인 가격뿐 아니라 규제 환경과 업계 관행에 광범위한 후폭풍을 남겼다.

한편 비트코인과 암호 화폐에 대해서 무관심했던 각국 정부들도 더 이상 방관할 수 없었다. 비트코인이 영향력을 확산하자 적극적으로 관여하기 시작했다. 엘살바도르는 세계 최초로 비트코인을 법정 통화로 채택했다. 반대로 중국이 채굴과 거래를 일거에 불법화하자 비트코인과 암호 화폐 시장은 혼란에 빠졌다. 전 세계 채굴력이 단기간에 재배치되는 혼란을 빚었지만, 해시는 금세 회복했고 네트워크는 낳기지 않았다.

2024년 제도권의 문이 크게 열렸다. 전환점은 2024년 1월 미국 증권거래위원회SEC가 비트코인 현물ETF 상장을 승인한 사건이었다. 비트코인 지갑을 직접 관리하지 않고, 일반적인 증권 계좌로 비트코인에 투자할 수 있는 길이 열렸다. '지갑 없이도 주식·연금 계좌에서 손쉽게 비트코인을 살 수 있는' 통로가 대규모 수요를 제도권으로 끌어들였다. 그로부터 두 달여 뒤 사상 최고가가 경신되었다.

이더리움, 웹3.0 실험실

천재 프로그래머이자 철학자, 비탈릭 부테린

비트코인과 달리 이더리움은 개발자가 확실히 알려져 있다.[20] 비탈릭 부테린은 천재 프로그래머로서 1994년 러시아 콜롬나에서 태어났다. 그의 아버지는 컴퓨터 과학자였고, 어릴 적부터 그는 숫자와 논리에 강했다. 여섯 살 무렵, 가족은 더 나은 환경을 찾아 캐나다로 이주했다. 그는 학교에서 이미 수학과 프로그래밍에 비범한 재능을 드러냈고, 친구들이 게임을 할 때 혼자 암호학 교재를 읽는 '괴짜 소년'이었다.

2011년, 고등학생이던 비탈릭은 처음으로 비트코인을 접했다. 중앙은행이 필요 없는 화폐라는 개념은 그에게 충격이었다. 그는 곧

『비트코인 매거진Bitcoin Magazine』을 공동 창간해서 비트코인 기술을 해설하고, 탈중앙화의 철학을 대중에게 전파했다. 하지만 곧 그는 "이건 돈의 혁명일 뿐이지, 시스템의 혁명은 아니다"라며 비트코인의 한계를 감지했다. 그는 블록체인이 단순한 '전자 화폐'가 아니라, 전 세계가 신뢰 없이 협력할 수 있는 거대한 컴퓨터 네트워크가 되어야 한다고 생각했다. 이 아이디어가 바로 이더리움의 씨앗이었다.

2013년, 스무 살이 채 되지 않은 비탈릭은 20여 쪽짜리 논문 형식의 「이더리움 백서Ethereum Whitepaper」를 작성했다. 구상은 단순했다. '비트코인이 그저 돈이라면, 이더리움은 프로그래밍 가능한 돈이다.' 그는 누구나 블록체인 위에 프로그램을 올려 자동으로 실행되게 만드는 스마트 계약 개념을 제시했다. 비탈릭은 전 세계 개발자들과 함께 초기 자금을 모으기 위해 ICO(암호 화폐 공개)를 진행했고, 수많은 개인이 참여한 이 실험은 2015년 7월 30일, 이더리움의 첫 번째 블록을 세상에 출시하며 현실이 되었다.

비탈릭의 철학은 단순한 기술을 넘어선다. 그는 "블록체인은 기술 이전에 사회적 실험"이라고 말한다. 그에게 중요한 것은 돈이 아니라 신뢰, 공정, 그리고 협력의 가능성이다. 그래서 그는 이더리움을 중앙화된 통제로부터 지키기 위해 꾸준히 '탈중앙화'의 원칙을 강조한다. 또한 이더리움의 전력 소모 문제를 해결하기 위해, 작업 증명 대신 지분 증명PoS으로 전환하는 대규모 업그레이드를 주도했다. 이를 통해 이더리움의 에너지 사용량은 99퍼센트 이상 줄어들었고,

비탈릭은 환경과 기술의 조화를 이룬 인물로 주목받게 되었다.

하지만 그의 길이 언제나 순탄했던 것은 아니다. 2016년, 이더리움은 DAO Decentralized Autonomous Organization: 탈중앙화 벤처 캐피털 펀드가 보안 취약으로 1억 5,000만 달러 이상을 탈취될 위험에 처했다.[21] 비탈릭은 커뮤니티와 함께 과감한 결정을 내렸다. 바로 '하드포크 hard fork'를 통해 해당 거래를 무효화시키고 자금을 회복시켰다. 이 결정은 이더리움을 구했지만, 동시에 '탈중앙화의 원칙을 훼손했다'는 비판도 받았다.[22] 그러나 그는 단호했다. "탈중앙화는 원칙이 아니라 과정이다. 결정을 내릴 수 있는 인간의 자유도 중요하다."

그는 천재적이지만, 성격은 다소 내성적이고 사색적이다. 그는 화려한 언변보다는 아이디어와 글로 사람들을 설득한다. 2022년 『타임 Time』지는 그를 표지 인물로 선정하며 "비탈릭 부테린은 돈보다 인간을 믿는 기술자"라고 표현했다. 그는 여전히 스위스 추크 Zug 에 머물며, 이더리움 재단과 함께 연구와 거버넌스 활동을 이어가고 있다. 그의 관심은 점점 더 넓어지고 있다. 블록체인뿐 아니라 인공지능 윤리, 생명 연장 연구, 기초 과학, 공공재 기부 등에도 적극적으로 참여하고 있다. 2021년에는 자신이 보유한 암호 화폐 중 일부를 인도 COVID-19 구호 단체에 기부했고, 최근에는 개발 도상국의 기초 소득 실험에 자금을 지원했다.

물론 비탈릭을 향한 비판도 있다. 일부는 "이더리움이 탈중앙화를 내세우지만, 결국 비탈릭이라는 한 개인의 영향력이 지나치게 크다”고 지적한다. 그는 이런 지적을 의식한 듯 스스로 “이더리움은 나 없는 세상에서도 작동해야 한다”고 말하며 점점 더 커뮤니티 중심의 구조로 이끌고 있다. 이더리움은 오늘날 탈중앙 금융DeFi, 대체 불가능 토큰NFT, DAO 등 블록체인 혁신의 중심에 서 있다. 그리고 여전히 그는 조용히, 그러나 단호하게 이렇게 말한다. “블록체인은 부자가 되는 도구가 아니다. 그것은 인간이 신뢰를 다시 설계하는 방법이다.”

웹3.0을 실험하다

이더리움은 단순한 암호 화폐가 아니다. 청년 비탈릭의 상상에서 비롯된 신세계다. 그는 비트코인의 기능이 오직 ‘돈의 이동’에 국한되는 한계가 있다는 걸 간파하고, 블록체인 기술을 세상의 모든 계약을 자동으로 실행할 수 있는 새로운 사회 시스템의 기반으로 확장하고자 했다. 그는 이를 ‘스마트 계약’이라 부르며, 조건이 충족되면 인간의 개입 없이 자동으로 작동하는 디지털 약속을 발명했다.

그래서 이더리움은 ‘2세대 암호 화폐’라고 불린다. 비트코인이 금전 지급을 매개하는 발명품이라면, 이더리움은 이에 부가한 기능을 수행할 수 있게 고안되었다. 비트코인이 전자 계산기라고 치면, 이더리움은 스마트폰인 셈이다.[23] 이더리움 블록체인은 이더라는 화폐가 거래를 매개하는 종합적인 애플리케이이션이 작동하는 플랫폼이라고 할 수 있다. 실제로 이더리움이 제공하는 프로그램으로 수많은 토큰이 출시되고 있고, 일종의 앱인 dAPP가 개발되었다. 이후의 수천 개의 암호 코인 ICO도 이더리움을 기반으로 실행되었다.

이더리움은 웹3.0_{Web3.0}을 지향하는 사람들의 실험장으로 안성맞춤이다. 웹1.0은 정보를 '읽는' 인터넷이었다. 1990년대 인터넷에서 정보는 소수의 서버가 공급하고, 다수는 이를 열람하는 구조였다. 웹2.0은 '참여하는' 인터넷이었다. 소셜 미디어, 플랫폼, 클라우드 서비스가 등장하면서 사용자는 콘텐츠를 만들고, 연결되고, 거래했다. 그러나 데이터와 통제권은 거대 플랫폼 기업에 집중되었고 수익은 중앙화된 기업이 가져갔다. 웹3.0은 이 구조에 대한 반발에서 출발한다. 중앙 플랫폼 없이도 신뢰와 거래가 가능하도록 설계된 인터넷을 지향한다. 블록체인을 기반으로 사용자가 자신의 자산과 데이터를 직접 소유하고, 중개자 없이 상호 작용할 수 있다. 이더리움은 이를 실험할 수 있는 운동장을 제공한다.

웹3.0은 소유권의 복원을 지향한다. 웹3.0에서 데이터는 개인의 것이다. 토큰, NFT, 탈중앙화 신원 같은 개념은 디지털 세계에서도 '내 것'을 명확히 하려는 시도다. 그리고 웹3.0은 신뢰의 자동화를 추구한다. 계약, 결제, 규칙 집행이 사람이나 기관의 재량이 아니라, 스마트 컨트랙트라는 코드로 이루어진다. 웹3.0은 또한 조직 형태의 변화를 실험한다. DAO(탈중앙화 자율 조직)는 회사나 국가 대신에 코드와 토큰을 중심으로 운영되는 새로운 민주적 협력 모델이다.

비트코인은 블록체인을 '화폐 원장'으로만 활용했지만, 이더리움은 블록체인을 누구나 자신의 디지털 서비스를 올릴 수 있도록 확장했다. 이더리움을 통해 수많은 새로운 시도가 이루어지고 있다. 누군가는 이더리움에서 은행을 운영하고, 누군가는 예술을 전시하며, 누군가는 국가 대신 커뮤니티를 통해 의사 결정을 내린다. 이더리움은 단순한 기술이 아니라, 하나의 디지털 사회 시스템이 되어 가고 있는 것이다. 2013년 전후에 DeFi, NFT, 게임·소셜·인공 지능 보조 인프라 등 스마트 컨트랙트가 열어젖힌 생태계가 형성되었다. 이더리움 위에서 수많은 애플리케이션이 돌아가고 있으며, 금융·예술·정치·교육 등 다양한 영역이 블록체인화되고 있다.

대표적인 예가 DeFi이다. 은행이나 중개 기관 없이 개인이 직접 자금을 빌리고, 이자를 지급하고, 예치할 수 있는 새로운 금융 생태계가 형성된 것이다. 또한 이더리움은 NFT의 기반이 되면서 디지털 예술, 게임, 콘텐츠 산업의 패러다임을 바꾸었다. 2017년에는 이더리움 기반의 게임인 크립토키티CryptoKitties가 등장해, 디지털 고양이 한 마리가 수천만 원에 거래되는 놀라운 현상을 만들었다. 이는 '디지털 자산도 고유한 가치와 소유권을 가질 수 있다'는 인식을 대중에게 심어 주었다.

이더리움은 빠르게 성장했지만, 그 과정에서 위기도 있었다. 2016년 발생한 DAO 위조 거래 사건은 이더리움의 첫 번째이자 가장 큰 시련이었다. 논쟁 끝에 커뮤니티는 결국 하드포크를 통해 분리되었다. 이때 기존 체인을 그대로 유지하겠다는 그룹은 기존 체인을 이더리움 클래식ETC이라고 이름 붙여 유지했다. 반면 새로운 규칙으로 해킹 피해를 복구한 체인이 오늘날 우리가 사용하는 이더ETH다.

이후 이더리움은 기술적 완성도를 높이기 위한 진화를 멈추지 않았다. 2022년에는 대규모 업그레이드인 '더 머지The Merge'를 통해 에너지 소비가 많은 작업 증명 방식에서 지분 증명 방식으로 전환했다. 이 변화로 에너지 사용량이 99퍼센트 이상 줄어들었고, 환경과 기술의 공존이라는 새로운 가능성을 열었다. 이더리움은 이제 '지속 가능한 블록체인'의 상징이 되었다.

2025년 현재, 이더리움은 세계 최대의 탈중앙화 플랫폼으로 자리 잡았고, 여기서 사용하는 이더는 비트코인에 이어 두 번째로 큰 암호 화폐가 되었다. 이더리움은 블록체인 네트워크이며, 이더는 네트워크를 움직이게 하는 연료로써 기본 통화의 역할을 한다. 이더가 없으면 이더리움 네트워크에서 어떠한 작업도 수행할 수 없다.

이더의 발행 구조는 비트코인과 근본적으로 다르다. 비트코인은 총 2,100만 개까지만 발행되지만, 이더리움은 발행량이 사전에 제한되어 있지 않다. 이더는 네트워크 운영 과정에서 지속적으로 새로운 코인이 발행되고, 동시에 거래 수수료 형태로 소각burn되기 때문에 총 공급량은 계속 변화한다. 이더의 총 공급량은 약 1억 2,000만 개 수준이다.[24]

알트코인, 디지털 놀이터

청출어람을 향한 칼을 갈다

알트코인은 'Alternative Coin', 즉 비트코인의 대안으로 등장한 암호 화폐들을 뜻한다.[25] 2009년 비트코인이 세상에 나온 이후에 비트코인이 소개한 블록체인 기술을 활용하면서 다른 한편으로는 비트코인의 한계를 보완하는 수많은 알트코인들이 생겨났다. 초기에는 비트코인과 구별해서 비트코인을 제외한 모든 코인들을 알트코인이라고 불렀다. 그러나 이더리움의 규모와 영향력이 커지자 비트코인과 이더리움을 제외한 코인들을 지칭하는 의미로 바뀌었다. 최근에는 스테이블 코인도 목적과 구조가 다르기 때문에 알트코인에 포함시키지 않고 별도의 다른 코인으로 분류한다.

알트코인은 전 세계적으로 약 2만 종[26] 이상 존재하는데, 상위 20개 코인이 대부분의 시장 가치를 차지하고 있으며 나머지는 거래량이 거의 없는 '죽은 코인'에 가깝다.

2015년 이더리움이 등장하면서 알트코인 시장은 새로운 국면을 맞이했다. 앞서 설명한 대로 이더리움은 단순한 결제 기능을 넘어 '스마트 계약'이라는 개념을 도입했다. 이는 코드를 통해 계약 조건을 자동으로 실행할 수 있게 만든 혁신이었다. 이더리움 블록체인 위에서는 NFT, DeFi, DAO 같은 새로운 생태계가 등장했다.

이후에 등장한 리플, 솔라나, 아발란체, 카르다노 등은 비트코인보다 훨씬 빠른 거래 처리 속도와 스마트 컨트랙트 기능을 제공한다. 알트코인들은 각각 특정한 목적과 철학을 담고 있다. 예를 들어 리플XRP은 국제 송금과 결제 효율성을 높이는 데 초점을 맞추었다. 카르다노ADA는 학문적으로 검증된 개발 방식을 통해 안정성과 확장성을 강조했다. 솔라나Solana는 초당 수천 건의 거래를 처리할 수 있는 고속 블록체인을 지향하며 NFT와 DeFi 시장에서 빠르게 성장했다. 또 도지코인Dogecoin은 단순한 장난처럼 만들어졌지만, 커뮤니티의 힘과 일론 머스크Elon Musk의 언급으로 대중적 인기를 얻었다. 한편, 테더USDT: 발행자 Tether나 USD코인USDC: 발행자 Circle 같은 스테이블 코인은 달러 등 실물 화폐의 가치를 기반으로 가격 변동성을 최소화해서, 거래소 유동성과 결제 수단의 역할을 하고 있다.

비트코인의 성공을 보고 꿈을 키운 알트코인은 마치 중국 무술

영화에서 사부에게 기초 무술을 익히고 천하를 주류하며 나름의 내공을 닦아서 천하제일검을 꿈꾸는 문하생들과 같다. 일부는 사부를 넘어서려고 신검법을 궁리하고, 일부는 사부의 도장을 지키려고 기존 검법을 발전시키면서 서로 각축한다. 과연 누가 새로운 천하제일검으로 등극할지는 모르지만 확실한 건 장강의 뒷물이 앞물을 밀어낸다는 사실이다. 고사성어로는 장강후랑추전랑長江後浪推前浪이라고 한다. 과연 암호 화폐 영역에서도 비트코인을 밀어내는 알트코인이 나올 수 있을는지 궁금하다.

2017년에는 암호 화폐 발행 공개 열풍이 일어나 수많은 알트코인 프로젝트가 자금을 모았다. 당시 수천 개의 신규 코인이 등장하며 시장은 폭발적으로 성장했지만, 실체가 없는 사기성 프로젝트도 많아서 투자자 피해가 속출했다. 이후 시장이 조정되면서 생존한 프로젝트들은 기술적 완성도와 실사용성을 강화하는 방향으로 발전했다. 2020년대에 들어서는 DeFi와 NFT 시장이 급성장하면서 알트코인은 다시 주목받았다.

알트코인을 이해할 때 코인coin과 토큰token을 구별하는 것이 중요하다. 투자의 관점에서도 그렇다. 코인과 토큰은 시중에서는 모두 암호 화폐로 구별없이 불리지만 둘은 기반 구조와 존재 방식에서 분명한 차이가 있다. 가령 밈코인meme coin 가운데 도지코인을 제외한 거의 모든 밈코인은 사실상 토큰이다. 코인은 비트코인이나 이더리움처럼 자체 네트워크를 갖고 그 위에서 운영되는 암호 화폐다. 반면에 토큰은 독자적인 블록체인을 갖지 않으며, 기존의 다른 블록체인의 구조를 빌려 만들어진 암호 자산이다. 토큰은 네트워크의 기초 통화가 아니라 응용 프로그램 안에서 쓰이는 '포인트', '이용권', '권리 증표' 같은 역할을 한다.

코인과 토큰은 투자 관점에서 전혀 다른 성격을 가진다. 코인은 독자적인 블록체인을 운영하는 자산으로, 네트워크 그 자체의 성패와 직결된다. 비트코인, 이더리움, 솔라나 같은 코인은 하나의 '기반 인프라'에 해당하는 자산이기 때문에, 장기적 안정성이나 기술적 지속성이 비교적 높다. 반면에 토큰은 독립적인 블록체인을 갖고 있지 않고 다른 블록체인에 의존한다. 따라서 토큰의 성공 여부는 해당 서비스를 운영하는 프로젝트의 실질적 사업성, 사용자 수, 수익 모델, 팀의 역량에 크게 좌우된다.

비트코인 맥시멀리스트 vs 미니멀리스트

비트코인 맥시멀리스트와 비트코인 미니멀리스트는 모두 비트코인의 가치를 인정한다는 점에서는 공통되지만, 그 가치가 얼마나 절대적인지, 그리고 암호 화폐 생태계 전체에서 비트코인이 어떤 위치를 차지하는지에 대한 생각에서 큰 차이를 보인다.

비트코인 맥시멀리스트는 비트코인이야말로 유일하게 신뢰할 수 있는 암호 화폐이며, 장기적으로는 다른 모든 암호 화폐가 사라지고 비트코인 하나만이 남을 것이라고 믿는다. 이들은 주장한다. "비트코인은 탈중앙화된 반면에 알트코인은 탈중앙화를 포기했다. 비트코인은 보안성이 완벽하지만 알트코인은 해킹에 취약하다. 비트코인은 2,100만 개만 발행되는데 알트코인의 발행량은 사실상 제한이 없다." 비트코인의 희소성과 검열 저항성, 분산성은 기존 금융 시스템의 대안일 뿐만 아니라, 새로운 경제 질서를 이끌어 갈 궁극적 기반이라고 여긴다. 이런 믿음 속에서 맥시멀리스트는 알트코인을 불필요하거나 위험한 실험으로 간주하고, 시장이 결국 비트코인 중심으로 수렴할 것이라고 전망한다.

반면 비트코인 미니멀리스트는 비트코인의 중요성을 인정하면서도, 그것이 모든 문제를 해결하거나 암호 화폐 생태계를 단독으로 대표해야 한다고 보지 않는다. 그들에게 비트코인은 디지털 금이나 장기적 가치 저장 수단으로 훌륭한 자산이지만, 스마트 계약, 디파이, NFT 같은 다양한 블록체인 활용에는 비트코인이 필요 없다고 본다. 그들은 암호 화폐 생태계가 다양한 기술적 실험과 용도로 채워져야 한다고 믿으며, 비트코인과 알트코인이 각자의 역할을 수행할 수 있는 '다중적 생태계'를 긍정적으로 바라본다.

결국 두 집단의 차이는 비트코인의 위상에 대한 해석과 생태계 다양성에 대한 태도로 요약할 수 있다. 맥시멀리스트는 단일 통화 체제를 지향하며 비트코인의 절대적 우위를 강조하지만, 미니멀리스트는 비트코인을 핵심적인 축으로 인정하되 기술의 다양성과 공존을 중요하게 여긴다. 한쪽은 확신과 집중의 철학을, 다른 한쪽은 유연성과 다원적 발전을 중시하는 관점을 보여 준다.

맥시멀리스트는 자유주의, 사유 재산권 절대주의, 국가 권력에 대한 불신, 사이버 공간의 자발적 질서에 강한 가치를 둔다. 따라서 다른 암호 화폐나 중앙화된 프로젝트에 대해 비판적·공격적인 태도를 취하기도 한다. 기술적 진보나 단기적 가격 변동보다 비트코인의 원칙과 근본 가치에 충실하려는 태도를 보인다.

이러한 비트코인 맥시멀리즘은 많은 문제점을 내포한다. 비트코인이 모든 금융 기능을 대체할 것이라는 지나친 확신은 경제적 복잡성과 다양성을 단순화하는 해석이기 때문이다. 비트코인의 기술적 한계(확장성·속도·에너지 비용 등)에 대한 균형 잡힌 평가를 어렵게 만든다. 알트코인이 실험하는 스마트 계약, 디파이, 블록체인 확장성 기술 등은 가상 자산 생태계 전체의 진보에 기여해 왔는데, 맥시멀리스트는 이를 원천적으로 배제하거나 무가치하다고 판단함으로써 혁신을 어렵게 한다. 과도한 신념의 경직성은 변화하는 기술 환경에 적응하는 데 장애가 될 수 있다.

암호 화폐의 이단아 '스테이블 코인'

비트코인이 화폐로 사용될 수 없는 가장 현실적인 이유는 불안정한 가격 때문이다. 스테이블 코인은 이러한 암호 화폐들의 가격 변동성을 해결하기 위해 등장한 '가치 안정형 암호 화폐'다. 비트코인을 비롯한 암호 화폐는 가격이 하루에도 수십 퍼센트씩 오르내리기 때문에 실생활에서 결제나 송금 수단으로 사용하기 어렵다. 이러한 문제를 보완하기 위해, 스테이블 코인은 달러 등 법정 화폐의 가치를 1 대 1로 연동pegging 시키는 방식을 통해 가격을 일정하게 유지할 수 있다.

고정된 가치는 1달러일 수도 있고, 금 일정량일 수도 있다. 원유나 다른 상품과의 교환 비율로 정할 수도 있다. 그리고 다른 암호 화폐 가격에 연동할 수도 있다. 전 세계적으로 가장 성공한 스테이블 코인은 '테더코인USDT: US Dollar Teder'이다. 2014년에 선을 보인 USDT 하나는 1달러로 고정된 스테이블 코인이다. 만일 1억 개의 USDT가 발행되었다면 1억 달러가 계좌에 예치되어 있어야 한다. 하지만 발행한 코인에 상응하는 금액(현금, 미국 국채 등 유동성이 높은 자산)을 발행사가 은행 계좌에 보유하고 있는지, 누가 어떻게 확인하고 보장하느냐의 문제는 늘 존재한다.[27] 보유 자산에 대한 의심과 신뢰 붕괴는 '코인 런'을 유발한다. 실제로 2021년 6월, 160억 개 USDT의 현금화를 요구하는 사태가 벌어지기도 했다.[28]

스테이블 코인마다 가치를 일정하게 유지하는 원리가 다르다. 크게는 준비금 담보형, 초과 담보형, 알고리즘형으로 나뉜다. 먼저 준비금 담보형은 사용자가 1달러를 맡기면 발행사가 1개의 토큰을 주고, 반대로 토큰을 돌려주면 달러를 환급해 주는 구조다. 발행사는 준비금 계정에 현금, 예금, 단기 미국 재무성 채권treasury bills 같은 유동 자산을 1:1로 보관하므로 안정성과 유동성이 상대적으로 높다. 둘째, 초과 담보형에서는 사용자가 비트코인이나 이더리움 등 디지털 담보를 예치하고 그 가치의 일부만큼 스테이블 코인을 받는다. 만일 담보 가치가 떨어지면 스마트 컨트랙트가 자동으로 발행된 스테이블 코인을 청산해서 시스템 전체의 건전성을 유지한다. 이 모델의 매력은 누구나 담보·부채 상태를 온체인으로 확인 가능하다는 점이지만 담보 자산 하락 시 연쇄 파산 가능성이 있다. 셋째, 알고리즘형은 외부 준비금 없이 중앙은행의 통화 조정과 유사한 메커니즘으로 스테이블 코인의 가격을 안정시킨다. 가격이 1달러 아래로 내려가면 토큰을 소각하거나 채권[29]으로 바꿔서 공급을 줄이고, 1달러를 넘으면 발행을 늘려 초과 수요를 흡수한다. 신뢰 붕괴 시 매도 압력이 눈덩이처럼 커져 파산할 위험이 크다.[30]

알고리즘형 스테이블 코인의 대표적인 경우가 테라 프로젝트의 UST였다. 2018년 권도형이 위메프의 창업자였던 신현성과 공동으로 시작한 이 프로젝트는 가장 성공했던 국산 프로젝트였다. 하지만 불행하게도 알고리즘 가격 유지 메카니즘의 허구성으로 투자자들에게 막대한 피해를 입히고 당시 글로벌 암호 화폐 시장에 큰 충격을 주면서 2022년 파국de-pegging을 맞았다. UST는 1달러로 고정되었고 그 조정을 루나라는 암호 자산과의 교환으로 유지했다. UST가 1달러 아래로 내려가면 루나를 발행해서 UST를 매입·소각하고, 1달러를 넘어서면 루나를 소각하는 대신 UST를 발행·공급하는 구조였다. 기초 자산이 전혀 없는 두 암호 자산이 서로 의지하고 지탱하는 구조였다.[31] 테라 사태를 계기로 각국은 알고리즘형 스테이블 코인에 대해서 엄격하게 규제하기 시작했다.

스테이블 코인도 암호화 기술을 사용해서 익명성을 제공하는 암호 화폐다. 하지만 비트코인이 가장 크게 내세웠던 탈중앙화를 포기했다. 거래의 검증과 결산이 공인된 발행자 혹은 관리자에 의해 이루어지기 때문이다.[32] 이 때문에 암호 화폐의 본질을 대부분 상실했다고 보는 견해가 지배적이다. 이런 이유로 비트코이너들은 스테이블 코인을 암호 화폐로 보지 않는다.

스테이블 코인의 성장은 매우 빠르게 이루어지고 있다. 암호 화폐지만 탈중앙화도 안 될 뿐만 아니라 가격이 오르지도 않는 스테이블 코인을 사람들이 보유하는 이유는 무얼까? 초기에는 단순히 암호 화폐 거래의 중간 매개체 역할에 그쳤지만, 시간이 지나면서 암호 화폐 생태계의 핵심 금융 인프라로 자리잡게 되었다. 특히 이더리움 기반의 탈중앙화 금융 시장이 등장하면서, 스테이블 코인은 대출, 예금, 이자 지급 등 암호 화폐 네트워크 상에서의 금융 기능을 수행하는 데 필수적인 자산이 되었다. 스테이블 코인을 매개로 담보로 맡기거나, 이자를 받거나, 유동성을 공급하는 등 다양한 금융 활동이 시도되고 있다. 또한 스테이블 코인은 국경 없는 송금 수단으로도 큰 역할을 한다. 은행 시스템을 거치지 않고도 실시간으로 해외 송금이 가능하고, 수수료가 매우 낮다. 특히 달러 접근성이 부족한 개발 도상국에서는 스테이블 코인이 비공식적인 디지털 달러로 사용되기도 한다.

2025년 현재 전체 암호 화폐 시장 가치가 약 3조 달러인데 이 중 스테이블 코인의 시가 총액은 약 3,120억 달러로 전체 암호 화폐의 약 10퍼센트를 차지한다. 대표적인 달러 연동형 스테이블 코인인 USTD와 USDC의 시가 총액은 약 1,840억 달러와 755억 달러다. 사실 스테이블 코인은 자체 블록체인(메인넷)을 가진 '코인'이 아니라, 다른 블록체인 위에서 발행되는 '토큰'이다. USTD는 이더리움과 트론**TRX: 결제에 특화된 고속, 저수수료의 암호 화폐 블록체인**을 중심으로 한 멀티체인 스테이블 토큰이며, 현재 실사용의 중심은 거래 비용이 작은 트론이다. USDS는 주로 이더리움 기반으로 발행되는 단일 체인 중심 스테이블 토큰이다.

USTD는 전 세계 대부분의 중앙화 거래소에서 기본 거래 페어로 사용된다. 특히 신흥국 거래소, 장외 거래**OTC**, 개인 간 송금**P2P**, 환율 통제가 있는 국가들에서 USTD는 사실상의 디지털 달러 표준으로 기능한다. 반면에 USDC는 주로 미국과 유럽의 규제 친화적 거래소, 기관 투자자, 디파이 프로토콜에서 사용된다. 신뢰성과 투명성 측면에서는 강점이지만, 동시에 지리적·정책적으로 제한받는다는 약점이 있다. USTD는 '돈처럼 쓰이는 토큰'이고, USDC는 '금융 상품처럼 쓰이는 토큰'이다.

스테이블 코인의 확산은 전 세계 규제 당국의 관심을 촉발했다. 유럽연합[33]·일본·홍콩·싱가포르 등은 자국 통화에 연동된 스테이블 코인 발행을 허용하며 제도권 내 통합을 시도하고 있다. 각국 정부는 알고리즘형 스테이블 코인을 위험 자산으로 간주하여 규제를 강화하는 등 법정 화폐 예치금이 명확하게 보증되지 않은 스테이블 코인 발행을 제한하거나 금지하는 방향으로 움직이고 있다. 2025년, 미국은 민간 스테이블 코인을 사실상 '디지털 은행 예금'으로 간주하며, 발행 주체에게 금융 기관 수준의 규제를 적용하는 지니어스법 GENIUS Act 을 제정했다.

지니어스법은 스테이블 코인을 없애기 위한 법도, 무조건 키워주기 위한 법도 아니다. 스테이블 코인을 '규제된 금융 인프라'로 재편하려는 법이며, 그 과정에서 일부는 살아남고, 상당수는 사라지게 만드는 법이다. 준비금이 불명확하거나, 알고리즘 기반이거나, 탈중앙화를 명분으로 책임 주체를 회피해 온 프로젝트들은 이 법을 감당하기 어렵다. 반면에 준비금이 투명하고, 상환이 보장되며, 규제 당국과 협력할 수 있는 스테이블 코인은 오히려 법적 지위를 얻게 된다. 그리고 은행, 결제 기업, 빅테크가 스테이블 코인 시장에 본격적으로 들어올 수 있는 길을 열어 준다.

스테이블 코인을 포함한 암호 화폐의 미래는 법정 화폐의 '대체'가 아니라 '공존'에 있다. 중앙은행의 디지털 화폐CBDC와 민간 스테이블 코인은 각기 다른 영역에서 병존하게 될 것이다. 스테이블 코인은 법정 화폐의 보조 수단으로 작동하고, 다른 암호 화폐들은 특정 커뮤니티 내에서 결제 수단 또는 특정 목적의 거래에서 활용될 가능성이 높다. 암호 화폐가 법정 화폐를 완전히 대체할 가능성은 없지만, 기존 화폐 체계의 비효율을 보완하고 일부 금융 기능을 혁신하는 새로운 도구로 진화할 가능성을 완전히 배제하기는 어렵다.

찻잔 속의 태풍으로 남다

알트코인은 기술적으로 블록체인의 속도, 확장성, 보안성 등 다양한 문제를 실험하며 새로운 혁신을 만들어 내고 있다. 이를 통해서 실제 활용도를 확장하고 있다. 이런 추세라면 비트코인도 머지않아 새로운 암호 화폐에 의해 밀려갈지도 모른다. 블록체인은 트릴레마Blockchain Trilemma, 다시 말해 탈중앙화, 보안성, 확장성이라는 세 가지 특성 모두를 동시에 완벽하게 갖출 수 없고 한 가지는 포기해야 한다. 비트코인은 탈중앙화를 택하고 확장성을 포기한 반면에 이더리움과 후속 알트코인은 탈중앙화를 포기하고 확장성을 선택했다.[34]

그런데 비트코인 숭배자들은 비트코인이야말로 암호 화폐의 영원한 승자라고 주장한다. 비트코인은 아직까지 한 번도 암호 화폐 1위의 자리를 내준 적이 없다는 점을 든다. 그들도 기술적인 측면에서는 비트코인보다 그 뒤에 나온 암호 화폐들이 더 발전된 측면이라는 걸 인정한다. 하지만 비트코인은 최초의 가상 화폐라는 점, 가장 비싸다는 점, 대중 인지도가 가장 높다는 점, 그리고 신뢰도가 높다는 점을 근거로 비트코인이 영원히 암호 화폐의 중심에 있을 거라고 설명한다. 하지만 이 모든 신뢰의 근거들은 서로 연결된 순환 논리일 뿐이다. 어느 하나도 증명할 수 없는 주장일 뿐이다.

물론 사이드체인sidechain을 이용해서 비트코인의 단점을 극복할 수도 있다. 사이드체인이란 메인체인에 코인을 잠가 두고, 별도의 블록체인에서 별도의 코인을 받아서 더 빠르고 싸게 사용하게 해 주는 기술이다. 예를 들어 본점이 손님으로 너무 붐비면 분점을 두어서 넘쳐나는 손님들을 대신 받는 구조다. 비트코인의 단점으로 지적되는 늦은 거래 완결성, 처리량의 한계, 비싼 거래 비용 등을 극복하기 위해서 Liquid(거래소 간 빠른 이동), RSK(스마트 컨트랙트 가능)와 같은 블록체인을 이용할 수 있다. 암호 화폐 사이의 긴밀한 생태계의 형성은 어느 정도 작동하는 듯 보인다. 중앙 관리자 없이 암호 화폐들 사이에서 거래할 수 있고, 이러한 거래로 암호 화폐 생태계가 형성되어 그들이 바라는 중앙 통제 없는 분권화된 세상이 실현되리라는 기대를 키웠다.

그런데 이러한 변화가 '찻잔 속의 태풍storm in a teacup'에 그칠 가능성이 있다. 다시 말해 사소한 일을 지나치게 떠들썩하게 만드는 소동으로 그칠 수 있다는 것이다. 암호 화폐가 시도하고 있는 디파이가 암호 화폐의 생태계를 벗어나서 기존의 금융과 연결될 수 있을까, 분권화된 거버넌스인 DAO가 의미 있는 확장이 가능할까, 민간의 스테이블 코인이 거래의 지급 수단으로 채택될 수 있을까 하는 의문들이다.

비트코인이 러시아가 침공한 우크라이나나, 자국 화폐 가치가 폭락하는 튀르키예, 베네수엘라 등에서 사용되었다거나, 또는 캐나다의 백신 반대 후원 계좌 동결에 대한 대안으로 활용되었다는 사실을 과장해서 마치 비트코인이 미래의 주류 화폐로 부상할 거라고 생각하는 건 큰 착각이다. 마치 교도소에서 담배가 거래의 매개 수단으로 활용되었다고 담배가 화폐가 되지 않는 것과 같다. 비트코인은 특수한 상황에서, 특수한 집단의 구성원 사이에서 얼마든지 거래 플랫폼과 지불 수단으로 활용될 수 있지만, 주류 화폐로 사용된다는 건 전혀 다른 차원의 얘기다.

최근 암호 화폐 시장에서는 스테이블 코인 거래 규모가 비자카드Visa나 마스터카드Mastercard를 넘어섰다는 주장이 화제를 모았다. 2024년 기준 스테이블 코인의 온체인(블록체인상) 거래 총액이 약 18조 달러에 달해서 같은 해 비자카드의 글로벌 결제액 약 15조 달러를 넘어선 것으로 보도되었다. 하지만 스테이블 코인 거래액은 실제 소비 결제액이 아니고, 블록체인 내에서 일어난 모든 전송·이전 기록을 합산한 금액이다. 반면 비자카드의 결제 규모는 가맹점에서 실제 상품이나 서비스를 구매한 결제액을 중심으로 산출된다. 따라서 두 수치를 동일한 '결제액'으로 보고 비교하는 것은 맞지 않는다.

정부가 규칙을 정하는 화폐 제도라는 영역에서 정부의 법정 화폐를 이기고 이를 대체하기란 불가능하다. 그러나 특정 커뮤니티나 제한된 네트워크 안에서는 일정한 역할을 수행할 수 있는 '보조 화폐'로 기능할 가능성은 존재한다. 스테이블 코인 역시 근본적으로 기존 화폐 체계에 의존하는 구조다. 따라서 스테이블 코인은 독립된 화폐가 아니라 기존 통화의 그림자에 불과하다. 기존 법정 화폐의 편리성을 높이는 지불 수단으로 유용하다. 국경 간 송금이나 온라인 커뮤니티, 게임, 메타버스 등 닫힌 생태계에서는 빠르고 저렴한 결제 수단으로 사용될 수 있다.

알트코인은 디지털 놀이터다. 알트코인은 새로운 아이디어를 빠르게 시험해 보고 즐기는 수단이다. 새로운 합의 알고리즘, 토큰 이코노미, 게임, NFT, 디파이, 밈 같은 요소들이 끊임없이 등장하고 사라진다. 이 과정은 마치 놀이터에서 여러 놀이기구를 타보듯, 성공과 실패 그리고 재미와 싫증을 경험하는 공간이다. 놀이터에서는 규칙이 느슨하다. 여기에서 진지할 이유는 없다. 여기에 인생과 전 재산을 걸 이유는 전혀 없다.

비트코인의 본질

비트코인 주창자들은
자유의 화폐로,
투자자들은
디지털 희소 자산으로,
기술자들은
새로운 금융 네트워크로 바라본다.

이러한 각각 다른 해석은 상호 배타적이라기보다
비트코인이 가진 다층적 성격을
각기 다른 면에서 조명한 것이다.

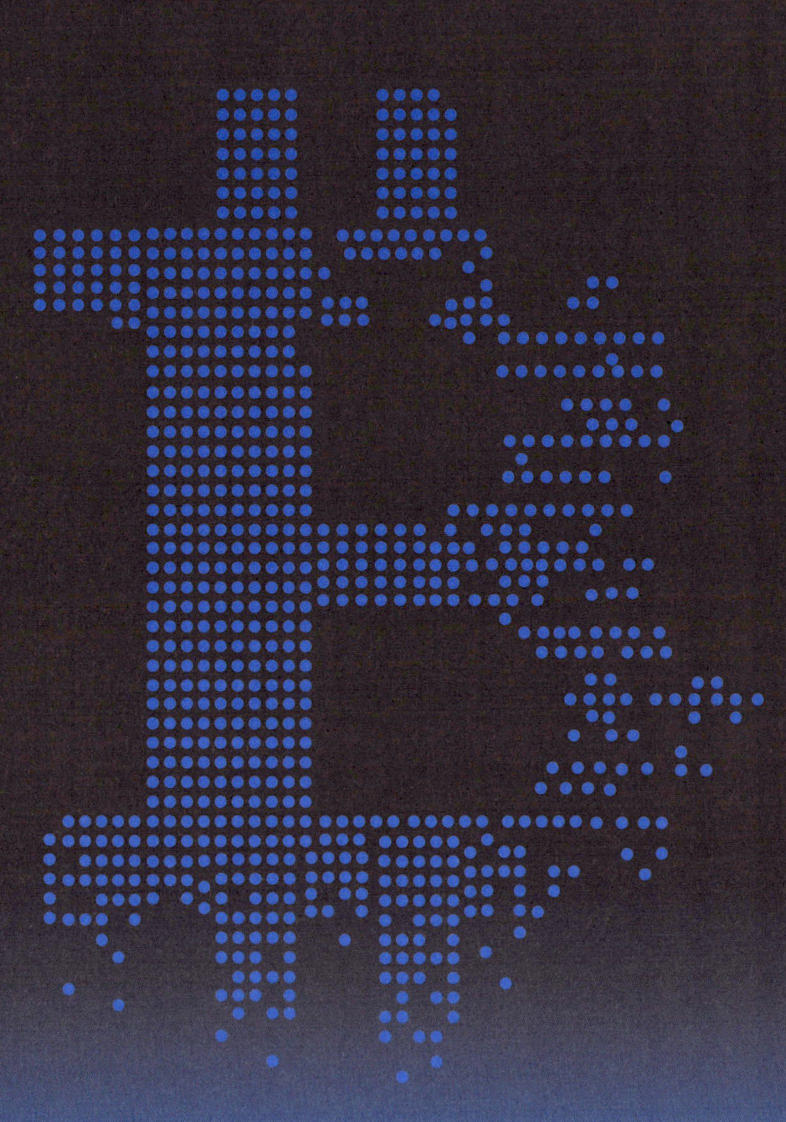

화폐로서의 비트코인

돌화폐의 재림

2008년 비트코인은 가치가 안정적인 화폐를 자처하며 등장했다. 이후로 거래의 지급 수단으로 그 사용 범위를 늘려가는 듯 보였지만, 오늘날에는 아무도 지급 수단으로서 비트코인의 용도에는 관심이 없다. 기존의 화폐를 대체하는 새로운 화폐가 될 가능성이 없다는 게 확인되었는데도 그 가격은 터무니없는 높은 수준을 유지하고 있다.

비트코인은 법정 화폐를 대체하기에는 역부족이다. 비트코인의 최대 약점은 현실에서 일어나는 수많은 거래를 실시간으로 처리할 수 없다는 점이다. 거래마다 복잡하고 분산화된 인증이 필요하고 그

인증도 일정량을 넘어서는 불가능하기 때문이다. 모든 거래는 블록체인에 기록되기 위해 검증을 거쳐야 하며, 이 검증은 새 블록이 생성되는 주기에 맞추어 진행된다. 비트코인 네트워크는 평균 10분에 한 번씩 새로운 블록을 생성하고, 이 블록은 1MB 크기로 제한되어 있어서 한 블록에 포함될 수 있는 거래 수는 대략 2,000~3,500건 정도에 불과하다. 이 숫자를 초당 처리량으로 환산하면 비트코인의 거래 처리 속도는 초당 약 3~7건 정도다. 이는 비자카드의 평균 초당 최대 처리량인 2만 4,000건과 비교하면 극도로 낮은 수준이다.

이러한 한계는 거래가 몰릴 때 명확하게 드러난다. 하루 동안 생성되는 블록은 144개이며, 블록당 약 3,000건의 거래가 들어간다고 계산하면 하루 최대 처리 가능한 거래는 약 40만 건 수준이다. 이 이상으로 거래가 몰리면, 네트워크는 그 즉시 과부하에 걸려 미확정 거래mem-pool가 쌓이고, 거래가 블록에 포함될 때까지 몇 시간 혹은 며칠을 기다려야 하는 상황이 발생한다. 이때 이용자들은 자신의 거래가 먼저 처리되도록 하기 위해 더 높은 수수료를 지불하게 되고, 결과적으로 수수료가 오르는 현상이 나타난다.

비트코인이 자랑스럽게 내세우는 '공급량이 일정하다'는 특성은 화폐로서는 치명적이다. 사토시는 중앙은행의 통화 남발로 인한 통화 가치 하락을 이유로 공급이 일정량으로 한정된 비트코인이 화폐로서 적절하다고 설명했다. 하지만 오늘날 금융 통화 시스템에서는 그와는 정반대로, 화폐는 공급이 무한정해야 생존할 수 있다. 경제 상황에 따라서 공급을 자유자재로 조절할 수 있는 화폐가 현대 경제에 있어서 가장 적합한 화폐라는 게 축적된 인류의 지혜다.

화폐가 자유자재로 공급될 수 있어야 한다는 것이 중앙은행 마음대로 한다는 얘기는 아니다. 상황에 따라 전문가들의 판단에 따라서 정해진 규칙에 따라서 화폐 공급을 조절한다는 의미다. 예를 들어서 경제 금융 위기 시에 중앙은행은 금융의 안정성을 유지하기 위해서 화폐를 확대 공급해야 한다. 2008년 글로벌 금융 위기 당시에 각국의 금융 당국은 화폐를 추가적으로 공급했다. 미국의 중앙은행인 FRB는 유동성 위기에 처한 은행들의 채권을 사 주고 그 대신 유동성을 주입해서 더 심각한 위기로 비화되는 걸 막았다. 물론 사토시는 이를 비난하면서 비트코인의 우월성을 내세웠다.

하지만 당시에 초유의 글로벌 금융 위기를 맞아서 각국이 손 놓고 대응하지 않았다면 무슨 일이 벌어졌을까? 미국이 과감한 양적완화를 시행하지 않았다면 어떤 결과가 나왔을까? 아마도 글로벌 금융 위기는 더 심각한 글로벌 위기로 치달았을 가능성이 높다. 만일 비트코인이 화폐로 채택되어 사용되는 상황이었다면 그 결과가 어떠했을지 아찔하다. 오늘날 현대 경제에 있어서 중앙은행과 통화 정책의 임무는 막대하다. 인플레이션을 제거해야 하고 금융 시장을 안정시켜야 한다. 그리고 고용을 최대한 증진시켜야 한다. 중앙은행이 이러한 임무를 성공적으로 수행할 수 있는 힘은 금리 조절과 화폐 발행에서 나온다.

비트코인은 2040년까지 총 2,100만 개 정도가 채굴된다. 과연 일정 수량의 화폐가 날로 성장하는 경제를 원활하게 돌게 하기에 충분할까? 사람의 신체가 성장하면 당연히 신체 내 피의 양도 증가해야 한다. 피가 부족하면 신체의 성장이 멈추고 건강을 해치게 되는 이치와 마찬가지다. 금을 화폐로 사용하던 시대에 새로운 금광의 발견에도 불구하고 만성적인 금 부족으로 세계 경제가 극심한 불안정을 경험했다. 그래서 인류가 찾아낸 해결책이 오늘날의 관리 통화 제도였다는 사실을 상기해야 한다.

비트코인은 약 1,000년 전부터 제2차 세계 대전 직후까지 미크로네시아 얍Yap 섬에서 사용되던 거대한 석회암 화폐였던 라이석Rai stone을 상기시킨다. 흥미로운 점은, 물리적 형태는 완전히 다르지만 그 운영 원리가 비트코인과 놀랄 만큼 닮아 있다는 사실이다. 라이석은 팔라우에서 최대 수 톤에 달하는 커다란 돌로 만들어져 450킬로미터 떨어진 얍 섬까지 옮겨졌다. 이 과정의 난도와 희소성이 돌의 가치를 형성했다. 비트코인 역시 무한정 발행되지 않고, 채굴 난도가 높아질수록 공급이 제한되는 구조를 갖는다. 둘 다 공급의 제한과 생산의 어려움을 통해 가치가 생성된다.

그러나 더 본질적인 유사성은 거래 방식에서 나타난다. 라이석은 거래될 때 실제로 움직이지 않는다. 마을 한가운데 놓인 돌을 두고, 사람들 사이의 합의를 통해 '이 돌의 소유권이 누구에게 넘어갔다'는 사실만 기록되면 거래가 완료된다. 얍 섬 주민들은 공동체의 기억과 구전을 통해 사실상의 '장부ledger'를 유지하며 돌의 소유권 변동을 추적했다. 비트코인은 이 구조를 디지털 기술로 확장한 것이다. 비트코인은 물리적 형태가 없고, 거래가 이루어져도 '코인' 자체가 이동하는 것이 아니라 블록체인에 소유권 이전 내역이 기록되는 방식으로 작동한다. 즉, 라이석이 공동체의 분산된 기억을 기반으로 작동했다면, 비트코인은 전 세계 노드가 참여하는 분산 원장으로 이를 구현한 셈이다.

이런 측면에서 보면 비트코인은 라이석의 디지털 버전이라고 할 수 있다. 둘 다 가치의 실체가 물질이나 정부 보증에 있는 것이 아니라 사회적 합의social consensus에 기반한다. 거대한 라이석이 바닷속에 빠져 실제 모습을 볼 수 없게 되더라도 사람들이 '그 돌은 존재하며, 누구의 소유다'라고 믿는 한, 그 돌은 여전히 화폐로 기능했다. 비트코인 역시 전자적 기록일 뿐 보이지는 않지만, 네트워크 참여자들이 거래 기록을 신뢰하는 한 가치가 형성된다.

비트코인을 '돌화폐의 재림'이라고 단정할 수는 없다. 하지만 그 기저에 흐르는 철학과 작동 방식은 라이석과 유사하다. 라이석은 소규모 공동체로 이루어진 물물 교환 경제에서 상징적이고 의례적인 거래에 한정해서 사용될 수 있었다. 과연 그런 종류의 화폐를 고도화되고 복잡다기한 현대의 화폐 경제에서 채택하는 게 가당키나 할까?

비트코인은 지하 경제의 혈맥

2011년 비트코인이 최초로 상업적 거래에 사용된 건 실크로드라는 마약, 총기 거래 등을 다루는 다크 웹사이트였다. 일종의 디지털 암시장이라고 할 수 있는 이 사이트에서는 헤로인, 엑스터시, 코카인, 총기 등이 거래되었다. 비트코인의 익명성 때문에 암거래를 하는 사람들의 관심을 끌었다. 이들은 거래소를 통해 비트코인을 매입해서 거래 수단으로 활용했고 이로 인해서 초기에 비트코인의 가격이 형성되고 상승했다.

2017년 '워너크라이'라는 랜섬웨어가 컴퓨터 하드 디스크를 암호화시키고 이를 해결해 주는 대가를 요구했는데, 그 대가를 비트코인으로 지급받았다. 피해는 전 세계 150개국으로 확대되었고, 영국의 NHSNational Health Service, 독일 철도, 중국 대학들까지 정상 운영이 중단될 만큼 대혼란이 발생했다. 공격자는 여러 개의 비트코인 주소를 통해 소액 형태로 나누어 대가를 수령하는 방식을 사용했다. 이 사건은 랜섬웨어의 표준 결제 수단이 비트코인이 될 것이라는 사실을 전 세계적으로 인식시키는 결정적 사례가 되었으며, 이후 등장한 거의 모든 랜섬웨어가 동일한 방식을 사용하게 됐다.

비트코인은 거래 기록이 모두 공개되지만, 지갑의 주인을 특정하기 어렵다는 점 때문에 범죄자들이 자금 세탁에 적극 활용한다. 자금 세탁 수법의 하나는 '믹서 서비스mixer service'라 불리는 도구를 이용해 여러 사람의 비트코인을 섞어 원래의 출처를 추적하기 어렵게 만드는 방법이다. 믹서 서비스로 유입된 비트코인의 약 25퍼센트 이상이 범죄 자금이었다고 한다. 돈세탁 방지anti-money laundering라는 국제적 합의를 무력화하는 암호 화폐는 국제적으로 큰 골칫거리가 아닐 수 없다.

2025년 10월, 미국과 영국은 캄보디아 내 스캠 네트워크를 역대 최대 규모로 지정·제재했고, 강제 노동으로 운영된 컴파운드가 온라인 연애·투자 사기로 훔친 자금을 암호 화폐로 세탁했다고 밝혔다. 캄보디아에서 이른바 '스캠 컴파운드(사기 공장)'가 암호 화폐 투자(주로 스테이블·비트코인·알트코인)를 유도해 송금받고, 그 대금을 암호 화폐를 활용해서 세탁하는 사례가 적발되었다. 국제 인권 단체 앰네스티는 2025년 6월 보고서에서 캄보디아 전역 53개 이상의 스캠 컴파운드를 확인하고, 인신 매매·감금·고문을 동반한 강제 사기 업무와 암호 화폐 기반 자금 세탁을 기록했다. 우리나라도 '캄보디아 거점' 조직과 연계해 국내 투자자에게서 수백억 원을 갈취한 한국인 일당을 검거했는데, 수법은 코인이나 스테이블 코인 전환 후 다단계 세탁이었다.

비트코인이 국가 단위 범죄로까지 확장된 대표적 사례는 북한의 라자루스 그룹이다. 이들은 국제 금융 기관, 가상 자산 거래소, 디파이 프로토콜을 해킹해 비트코인을 포함한 암호 화폐를 대량으로 탈취해 왔다. 유엔 보고서에 따르면 라자루스는 2017년 이후 수십억 달러 규모의 암호 자산을 훔쳐 북한 정권의 외화 조달에 사용하고 있다. 탈취한 비트코인은 믹싱을 거쳐 세탁되며, 일부는 해외 지갑과 차명 계정을 통해 현금화된 것으로 확인되었다. 이 사건은 비트코인이 개인 범죄를 넘어 국가의 불법 활동에도 활용될 수 있음을 보여준 사례다.

모든 발명과 재화가 순기능만을 가지는 건 아니다. 자동차를 보라. 교통사고로 인한 인명상, 재산상 피해는 상상을 초월한다. 총도 그렇다. 전쟁뿐만 아니라 일상에서 총기 사고로 인한 비극이 끊이지 않는다. 자동차와 총이 문제가 아니고 운전자와 총기 강도의 문제라는 변명도 있다. 인터넷 게임도 마찬가지다. 오락용 게임도 지나치다 보면 게임 중독이 되어 일반적인 생활에 저해가 된다. 모든 재화와 용역이 순기능과 역기능을 갖고, 사용하는 사람이 어떻게 사용하느냐가 중요하다는 점은 인정된다. 그렇다면 이러한 균형적인 평가 기준은 비트코인에게도 동일하게 적용하는 게 당연하다.

그런데 과연 비트코인에 순기능이 있기는 한 걸까? 나아가 10만 달러라는 엄청난 가격이 타당할까? 자동차는 순기능이 엄청나다. 자동차 없는 세상은 상상할 수 없다. 총도 마찬가지다. 총은 국가와 개인의 생명과 안전을 지킨다. 사고와 오사용은 감수할 수밖에 없다. 자금 세탁, 마약 밀매, 랜섬웨어, 탈세, 테러 자금 조달, 불량 국가의 자금 조달 등 비트코인의 현실화된 역기능을 감수할 만한 어떤 가치가 있는지 의문이다.

무국적 화폐임을 자랑스럽게 여기지만

비트코인은 무국적 화폐다. 태어날 때도 그랬고, 성장하면서도 스스로 무국적 화폐임을 자랑스럽게 여겼다. 비트코인은 국가의 중앙화된 권력을 배격하고 국경을 초월한 글로벌한 화폐를 지향한다. 과연 무국적 화폐가 성공할 수 있을까?

오늘날 전 세계의 화폐는 모두가 국가가 보장하는 법정 화폐다. 단순히 화폐를 국가가 발행하고 관리한다는 의미 이상이다. 법정 화폐가 지불되거나 채무 상환의 수단으로 제공되면 거부할 수 없고 받아들여야 하는 것이 법적 의무다. 그리고 명시적으로 민간의 화폐 발행은 금지된다.

영국은 1844년 은행헌장법Bank Charter Act으로 통화 발행을 영란은행에 집중하고 민간 화폐의 발행을 금지시켰다. 미국에서는 1862년 남북전쟁 당시 최초로 법정 화폐를 발행했고, 1913년에 연방준비제도가 설립되면서 연방준비 은행권을 유일한 법정 통화로 인정했다. 1948년 6월 25일 미국은 법령 18의 486조를 제정해서 통화로 사용하기 위한 지폐의 발행이나 금속 주화의 주조를 불법으로 규정하고 법정 통화에 대한 정부의 독점을 명시했다.[35]

법률에 의거하여 허가된 경우를 제외하고 금, 은 또는 다른 금속이나 금속 합금의 주화를 제조·유통·양도하거나 그런 시도를 하는 사람은 누구든지,

미국이나 외국의 주화와 유사하든 독창적 디자인이든 관계없이, 본 법에 따라 벌금형이나 5년 이하의 징역형 또는 둘 다에 처할 수 있다.

비트코인 옹호자들은 이러한 법정 화폐가 통화 발행을 남발해서 통화 가치를 떨어뜨린다고 비난하며, 이러한 부조리를 멈추기 위해 비트코인이 나왔다고 주장한다. 비트코인은 여기에서 한 발, 아니 여러 발 더 나간다. 비트코인은 억압적 국가 권력의 침탈에 맞서 개인의 경제적 자유와 자율을 지켜 내는 보루라고 치켜세운다. 국가의 감시, 몰수, 조작에 완전 자유로운 화폐임을 강조한다.

이러한 비트코인은 개인의 프라이버시를 가장 중요하게 여기는 사이퍼펑크의 철학과 문화와 맥락을 같이 한다. 사이퍼펑크는 1990년대 이후 인터넷 시대에 국가의 감시와 플랫폼의 정보 수집에서 벗어나서 개인의 사생활을 보호하기 위해서 코드로 만든 암호 기술을 개발했다. 줄리언 어산지, 애덤 백, 브램 코언, 할 피니 그리고 사토시 나카모토도 적극적인 사이퍼펑크의 활동가였다.

탈중앙화를 기본 철학으로 하는 비트코인의 가장 큰 매력은 국가적 제약으로부터 독립적이라는 점이다. 어느 나라에서든 동일하게 사용할 수 있고, 특정 정부가 발행량을 조절하거나 인플레이션을 일으키거나 자산 지갑을 동결하는 식의 권력을 행사할 수 없다. 따라서 국가 신뢰가 약화된 지역, 금융 접근성이 낮은 환경, 검열과 자본 통제가 강한 체제 등 법정 화폐가 국민에게 불리하게 작동하는

경우에 비트코인은 법정 화폐를 완전히 대체하지는 않더라도 부분적으로 경쟁할 수 있다.[36]

비트코인의 사용이나 보유 비중이 미미한 경우에 국가는 이를 어느 정도 용인하지만 그 비중이 점점 커질 때는 결코 용인하지 않을 것이다. 왜냐하면 다른 화폐의 확산은 국가의 경제 질서를 어지럽히고 경제 정책을 무력화하며 경제적·사회적 문제를 야기하기 때문이다. 비트코인 자체를 동결시키거나 금지할 수는 없어도, 사고팔고 보유하는 통로(거래하는 은행 계좌, 거래소 등)를 규제하는 방식으로 사실상 비트코인을 사용할 수 없게 할 수 있다.

근본적으로 비트코인은 국가의 화폐 주권과 충돌한다. 화폐 발행권은 국가가 가진 가장 강력한 권한 중 하나다. 세금을 부과하고, 경기를 조절하고, 금융 안정을 유지하기 위해서는 통화 정책이 필수인데, 비트코인은 그런 권력을 약화시킨다. 그렇기 때문에 대부분의 국가는 비트코인을 법정 화폐로 인정할 수 없고, 규제는 앞으로도 강해질 수밖에 없다. 언제라도 비트코인 이용을 번거롭고 값비싸게 만드는 법과 규제를 제정하는 것만으로도 비트코인을 충분히 무력화할 수 있다.

비트코인이 과연 국가와 국경을 초월해서 모든 법정 화폐를 대체하는 글로벌 화폐가 될 수 있을까? 각국의 법정 화폐를 대체하는 '주류 화폐'로 성공할 가능성은 기대하기 어렵다. 왜냐하면 국가 없는 화폐는 설 자리가 없다. 가령 우리가 당연히 여기는 법과 규범 그리고 사회 경제적 제도는 국가를 기반으로 자리 잡고 있고 화폐도 그 일부다. 국가 없는 화폐는 성립하지 않는다. 예를 들어, 개인 간 비트코인 소유 분쟁이 있으면 국가의 사법 절차로 해결된다. 전기와 인터넷 환경을 제공하고 보장하는 것도 국가다. 모든 계약과 사법 절차는 국가가 관리한다. 국가 없이 화폐가 존립하기는 불가능하다.

경제가 사람의 신체라면 화폐는 그 신체 내의 혈액이다. 피는 그 신체에 맞아야 기능을 100퍼센트 발휘한다. 신체에 맞지 않는 피는 신체의 건강을 해친다. 화폐도 마찬가지다. 화폐는 그것이 활용되는 경제에 맞춰 그 성질과 크기가 결정되어야 한다. 그런데 비트코인은 신체에 관계없이 코드에 의해 이미 정해진 혈액이다. 미국 경제에 맞는 피가 아프리카 국가와 러시아, 일본 등에 다 맞을 수는 없다.

블록체인 기술로서의 비트코인

비트코인이 쏘아 올린 공, 블록체인

비트코인과 함께 우리에게 소개된 기술이 블록체인이다. 마치 기존의 화폐를 대체할 것 같았던 비트코인은 실제 거래와 지급 시스템에 거의 변화를 주지 못했다. 화폐 혁명은 일어나지 않았다. 그래서 사람들은 비트코인은 아무것도 아니고 블록체인 기술이 진정한 기술 혁명이라고 얘기한다. 과연 블록체인이란 무엇일까?

블록체인에 대한 정의는 다양하다. 왜냐하면 블록체인의 어떤 특성을 강조하느냐에 따라서 서로 다르게 정의하기 때문이다. 일반적으로 '데이터가 디지털식으로 기록된 블록을 암호화 기술로 연결해서 다수에 의해 분산 관리되고 중개자 없이 데이터를 교환하는 기술'이다. 비트코인은 이러한 블록체인 기술을 활용해서 은행 등 제3자의 개입 없이 이중 지불 문제를 해결한 최초의 탈중앙화 결제 시스템이다.

블록체인 기술을 활용해서 만들어지고 거래되는 코인을 암호 화폐라고 한다. 비트코인은 그런 암호 화폐 가운데 하나다. 블록체인 기술로 만든 암호 화폐는 수없이 많다. 현재까지 제법 알려진 암호 화폐만 해도 2만 가지가 넘는다(밈토큰까지 포함하면 약 2,500만 가지로 추정된다). 2015년 즈음해서 일부에서 비트코인은 가치가 없고 블록체인 기술이 가치가 있다는 주장이 주목받았다. 2016년 세계경제포럼에서 블록체인 기술은 제4차 산업 혁명을 주도할 핵심 기술로 주목받았다. 여기에서 비트코인은 거론되지 않았다. 소위 '비트코인 없는 블록체인'에 대한 관심이 급증했다.

블록체인의 핵심은 '분산형 장부 기술Distributed Ledger Technology'이다. 네트워크 참여자들이 거래 기록을 각자의 장부에 기록해서 보유하고, 추가적인 정보가 있으면 합의에 의해서 동조화하는 기술이다. 그래서 하나의 장부만 변경시켜서 조작할 수 없고, 장애나 시스템 다운에도 까딱없다. 우리 조상들이 『조선왕조실록』의 복사본을 전국 4개 장소(춘추관·전주사고·충주사고·성주사고)에 분산시켜 보관한 이유와 비슷하다. 역사 기록을 바꾸려는 자는 동시에 4곳에 침입해서 사료를 바꾸어야 하는데 이는 여간 어려운 일이 아닐 수 없다.

2025년 12월, 블랙록의 최고 경영자인 래리 핑크와 최고 투자 책임자인 롭 골드스타인은 블록체인의 분산 장부 기술을 활용한 자산의 토큰화tockenisation가 금융과 투자의 영역을 획기적으로 넓힐 것으로 전망했다. 기존의 주식이나 채권뿐만이 아니라 부동산, 귀금속, 예술품 등 거의 모든 자산을 토큰화시켜서 거래가 가능하고, 투자자들을 전 세계적으로 확장시킬 것으로 보았다.[37]

기술적인 측면에서만 본다면, 비트코인과 똑같은 방식으로 작동하고, 총 발행량도 동일하게 2,100만 개로 제한된 제2의 비트코인을 만드는 것은 어렵지 않다.[38] 비트코인 소스 코드는 처음부터 오픈 소스로 공개되어 있기 때문에 누구나 가져다 쓸 수 있고, 채굴 방식, 블록 간격, 공급량, 난이도 조절 등 모든 기술적 요소를 그대로 복제할 수 있다. 실제로 비트코인캐시나 라이트코인 같은 여러 코인들이 비트코인의 코드를 토대로 만들어졌다.

비트코인의 가치 상승을 '블록체인 기술의 발전'으로 정당화하려는 주장은 논리적으로 성립하기 어렵다. 비트코인은 블록체인 기술을 활용해 만들어진 결과물이지, 그 기술의 소유권이나 수익 배분 권리를 의미하지 않는다. 다시 말해 블록체인은 여러 분야에서 활용될 수 있는 기반 기술이고, 비트코인은 그 기술을 사용한 하나의 응용 사례에 불과하다. 블록체인 기술에 대한 믿음이 곧 비트코인 매수를 정당화하지는 않는다. 기술의 발전은 사회적 효용과 산업 경쟁력으로 이어지지만, 블록체인 기술 자체는 소유하거나 수익화할 수 있는 자산이 아니다. 따라서 비트코인 투기를 '기술 투자'로 포장할 수는 없다.

만약 누군가 블록체인 기술의 미래의 활용 가능성을 믿고 투자를 하고자 한다면, 그 기술을 연구하고 상용화하는 기업의 주식이나 지분에 투자하는 것이 합리적인 선택이다. 주식이나 지분은 해당 기업이 창출하는 수익과 성장의 일부를 투자자에게 배분하는 수단이기 때문이다. 반면 비트코인을 매입하는 것은 블록체인 기술의 발전과 직접적인 관계가 없다. 비트코인 가격을 올린다고 해서 블록체인 기술이 발전하는 것도 아니며, 블록체인 기술이 발전한다고 해서 비트코인에서 수익이 생기는 것도 아니다.

이처럼 비트코인 매입을 블록체인 투자로 여기는 것은 '기술 자체'와 '기술로 만든 제품'을 혼동하는 꼴이다. 1876년 알렉산더 그레이엄 벨_{Alexander Graham Bell}이 음성과 전기 신호 사이의 변환 기술을 적용해서 전화기를 만들었을 때, 벨의 회사_{The Bell Telephone Company}에 투자하는 것과 그 기술로 만든 수백 대의 최초 전화기를 사 모으는 것의 차이다. 벨 회사의 주식을 샀다면 그 후로 AT&T의 대주주가 되었겠지만, 최초 전화기는 이제 아무 소용도 없다. 물론 전화 박물관의 소장품으로는 가치를 가지지만 말이다.

블록체인 기술은 결제를 가능케 하는 시스템을 구축하는 기술이다. 소위 화폐가 경제의 피라고 한다면 결제 시스템은 피와 양분의 순환을 지원하는 혈관 시스템이다. 혈관 시스템이 튼튼하고 효율적이어야 몸이 건강하고 성장할 수 있다. 사토시 나카모토도 비트코인을 소개하면서 "신뢰할 수 있는 제3자가 없는 완전한 P2P 방식의 새로운 전자 현금 시스템을 개발했다"고 밝혔다. 화폐가 아니고 결제 시스템이 발명의 핵심이라는 점이다. 비트코인은 그 결제 시스템을 작동시키는 교환 매개체일 뿐이다. '블록체인 기술의 미래를 믿는다'는 이유로 비트코인을 사들이는 것은, '자동차 산업의 미래를 믿는다'며 휘발유를 사서 저장하는 것과 다를 바 없는 오산이라고 할 수 있다.

탈중앙성과 익명성의 명암

왜 비트코인 가격이 다른 암호 화폐와는 비교할 수 없을 정도로 높을까? 비트코인의 특별한 가치는 무엇일까? 초기의 온라인 게임을 상상해 보자. 이 온라인 게임에 계속 참여하면 게임 무기를 무상으로 제공받고 그 무기는 게임을 하는 데 유용하게 사용할 수 있다. 게임이 인기를 얻자 수많은 사람들이 게임에 참여하고 무기는 게임을 하는 사람들 사이에서 고가로 거래된다. 그러자 다른 게임 개발업자들이 비슷한 온라인 게임을 만들고 무기를 제공한다. 하지만 이후의 게임이 제공하는 무기들은 최초 게임의 무기와는 가격면에서 차이가 크다. 왜냐하면 최초의 게임은 이미 많은 사람들이 참여하는 대규모 커뮤니티를 확보하고 있기 때문이다. 아주 단순화시켜서 말하면, 비트코인은 인기가 최고인 오리지널 게임에서 활용되는 게임 무기와 같다.

방금 앞에서 비트코인은 오픈 소스라서 누구나 비트코인의 기술을 그대로 복사해 새로운 암호 화폐를 만들 수 있다고 말했다. 하지만 비트코인의 기술을 복사했다고 해서 비트코인과 동등한 가치를 가진 코인을 만들 수 있는 것은 아니다. 블록체인에서 진정한 자산은 코드 자체가 아니라 그 코드로 형성된 네트워크가 확보한 신뢰이기 때문이다. 비트코인의 진정한 경쟁력은 사용자·채굴자·노드 운영자·지갑 보유자들이 함께 만들어 낸 네트워크 규모와 분산도이다. 비트코인을 복사해 만든 수많은 코인들이 시장에서 비트코인의 위상을 넘어서지 못한 이유도 이러한 네트워크 효과 때문이다.

블록체인 기술이 가장 빛을 발휘할 분야는 플랫폼 분야다. 오늘날 데이터 중심의 경제에서 데이터를 생산하고 관리하는 플랫폼은 모든 경제 활동의 핵심이다. 구글, 마이크로소프트, 애플 등은 모두 플랫폼 기업이다. 블록체인 기술은 데이터를 생성하고 관리하는 새로운 기술이다. 기존의 플랫폼은 특정 관리자가 데이터를 모으고 관리하면서 서비스를 제공한다. 이때 관리자의 역할을 하는 주체는 정부일 수도 기업이거나 개인일 수도 있다. 소비자들은 플랫폼에 접속해서 관리자가 제공하는 서비스를 사용하면서 비용을 지불한다. 반면에 블록체인에 기반을 둔 플랫폼에서는 원칙적으로 플랫폼 관리자 없이 모든 이용자들이 네트워크를 통해 데이터를 관리한다. 이용자가 관리자인 셈이다.

앞에서 비교한 온라인 게임의 무기로 다시 돌아가 보자. 비트코인이 온라인 게임의 무기와 다른 점은 그동안 온라인 게임의 무기가 해결하지 못한 '이중 거래의 문제'를 블록체인 기반의 분산 원장으로 해결한 점이다. 게임 개발업자의 독단이 아니고, 모든 참여자들의 합의로 관리함으로써 게임 개발 업체가 무기를 멋대로 파는 등 농단을 부릴 가능성을 차단했다.

분산형 플랫폼 경제가 어느 정도까지 진전할 것인지에 대해서 이견이 많다. 분산형 블록체인은 검열 저항성과 신뢰 최소화를 핵심 가치로 삼는다. 누구도 시스템을 단독으로 통제하지 못하고, 참여자 전체의 합의로 네트워크가 유지된다는 점에서 이상적인 구조처럼 보인다. 그러나 이 구조는 동시에 비용과 복잡성, 느린 의사 결정이라는 한계를 안고 있다. 기존의 국가 그리고 경제 시스템이 분산형 플랫폼 경제를 포용하기에는 한계가 많다. 이러한 한계를 보완하기 위해 등장한 것이 중앙 집권형 블록체인이다.

중앙 집권형 블록체인은 검증과 합의 과정이 훨씬 단순해서 거래 처리 속도가 빠르고, 대량의 거래를 안정적으로 처리할 수 있다. 이는 금융 결제, 물류 추적, 기업 간 거래처럼 속도와 안정성이 중요한 영역에서 특히 강점으로 작용한다. 그리고 운영 주체가 명확하기 때문에, 시스템 장애나 보안 사고에 대한 대응과 책임 추궁이 가능하다. 법과 제도 안에서 움직여야 하는 기업과 공공 기관에게 매우 중요한 요소다. 그리고 분산형 블록체인은 탈중앙성과 익명성을 중시하기 때문에 자금 세탁 방지나 신원 확인과 같은 규제 요구와 충돌하는 경우가 많은 반면에 중앙 집권형 블록체인은 참여자 인증, 거래 기록 관리, 접근 권한 통제 등을 체계적으로 설계할 수 있다.

이러한 특성 덕분에 중앙 집권형 블록체인은 현실 세계와의 접점이 넓다. 기존 제도와 디지털 기술을 연결하는 다리로 기능할 잠재력을 가진다. 정부, 금융 기관, 기업은 기존 법·제도와 충돌하지 않으면서 블록체인의 장점을 도입할 수 있다. 광고, 언론, 의료 기록, 부동산, 계약 집행, 투표 등 다양한 분야에서 블록체인을 적용하면 보다 안전하고 빠르며, 저비용으로 시스템을 한 단계 업그레이드할 수 있다.

이런 중앙 관리형 블록체인은 우리나라 기업들이 유용하게 활용할 수 있다. 네이버, 카카오 등 국내 플랫폼 기업들은 글로벌 수준의 플랫폼 기업으로 한 단계 더 도약하는 데 한계에 봉착한 상황이다. 이러한 상황에서 중앙 관리식 블록체인 플랫폼은 새로운 돌파구가 될 수도 있다. 참여자들이 자발적으로 시스템을 만들 수 있도록 기업은 블록체인 플랫폼을 구축해서 제공한다. 그리고 플랫폼 참여자들에게 기여에 상응하는 이익을 분배하는 역할을 할 수 있다. 전 세계를 대상으로 하는 플랫폼 비즈니스에서 블록체인 기술을 활용한다면 기존의 거대 글로벌 플랫폼 기업을 따라잡을 수 있지 않을까?

디지털 금으로서의 비트코인

금이 오랫동안 화폐로 사용된 이유

당초에 비트코인은 지불 수단으로서 '미래의 화폐'임을 자처하면서 등장했다. 하지만 비트코인이 당초 거래를 매개하고 가치를 측정하는 화폐가 되리라는 희망과 그 실현 가능성은 점차 사그라졌다. 단적으로 초당 약 7건의 거래만 처리할 수 있는 거래 시스템은 화폐로서 기능할 수 없다. 그러면서 비트코인 옹호자들이 주장하는 것이 '비트코인은 디지털 금이다'라는 주장이다.

비트코인의 가치를 부정하는 비판에 대해 비트코인 옹호론자들은 '금도 별다른 효용성이 없지만 고가의 가격이 유지되고 있다'고 반박한다. 그러면서 비트코인은 미래의 '디지털 금'이라고 주장한다.

과연 비트코인은 금과 비슷한 가치를 가진 존재일까?

금이 고가인 이유부터 살펴보자. 왜 금은 고가일까? 금이 화폐로 사용되었기 때문에 고가의 자산이 되었을까? 아니면 반대로 금이 고가의 안정된 가치가 있어서 화폐로 사용되었을까? 금은 당초에 가치가 있고 가격이 안정적인 금속이라는 점에서 화폐로 간택되었다. 그리고 때때로 왕조나 국가 권력에 의해 금화 또는 금 본위 제도가 오용되고 남용되기도 했지만 오늘날의 불환 통화 제도가 정립되기 전까지 가장 성공적인 화폐로 사용되었다.

금이 보편적 가치의 척도로 사용된 것은 인류의 역사 시대가 시작되면서부터다. 금은 화폐의 기능을 수행했다. 고가의 금은 소액의 거래 지불 수단으로 부적절해서, 교환이 손쉬운 조개나 곡물과 같은 상품 화폐와 같이 사용되었다. 그리고 은, 청동, 구리와 같은 금속 화폐가 일상의 거래에 사용되기도 했다. 금이 가장 오랜 기간 동안 가치 저장 수단으로 활용된 것은 금의 고유한 성질 때문이었다. 금은 내구성, 휴대 간편성, 대체성, 검증 용이성, 가분성, 희소성 등 지급 수단으로서 그리고 가치 저장 수단으로서 유리한 성질을 갖고 있다.

비트코인을 옹호하는 사람들은 비트코인이 금보다 이러한 측면에서 더 우월하다고 주장한다. 가분성 측면에서 비트코인은 원하는 단위로 쪼갤 수 있다. 1사토시_{satoshi}는 0.00000001BTC다. 공급의 안정성 측면에서 매년 평균 2퍼센트 채굴되는 금보다 더 안정적이다. 검증의 측면에서 비트코인은 금과 달리 위변조가 불가능하다. 휴대

성 측면에서 비트코인은 수조 달러도 간편하게 USB에 담을 수 있고 이체할 수 있다. 내구성 측면에서 비트코인은 플랫폼이 파괴되거나 변질되지[39] 않는 이상, 영원하다.

금의 가장 큰 장점은 그 가치가 안정적이라는 점이다. 금의 공급량은 안정적으로 증가한다. 매년 새로 채굴되어 신규로 공급되는 금은 기존 금의 규모에 비하면 미미한 수준이다. 콜럼버스가 신대륙을 발견한 1492년은 '유럽에 대량의 귀금속이 유입되기 시작한 기점'이었다. 하지만 1492년 이후로 스페인의 신대륙 금 약탈이 횡행하던 때에도 유럽에서의 금 공급은 연간 5퍼센트를 넘지 않았다. 그리고 1850년대 북미 골드러시 시대에도 금 공급이 크게 늘지는 않았다. 1890~1910년 금의 연간 생산량은 3~4퍼센트였다. 그리고 1910년 이후로는 연평균 생산량이 2퍼센트 수준을 유지했다.[40]

세계금협회에 따르면, 지금까지 인류가 채굴한 금의 총량은 약 21만 6,000톤 수준으로 추정된다. 금의 채굴은 매년 약 3,500톤 내외로 이어져 와서 금의 '지상 재고above-ground stock'가 계속 증가하고 있다. 용도별로는 전체 금의 약 45퍼센트인 9만 7,000톤 이상이 보석류로 존재한다. 그 다음으로는 투자용 금괴와 금화, ETF 등에 약 22퍼센트인 4만 8,600톤, 중앙은행과 각국 통화 당국의 보유분이 약 17퍼센트인 3만 7,700톤, 그리고 산업·전자·치과 등에 약 15퍼센트인 3만 2,700톤이 사용된다. 산업적 소비도 화학적 안정성과 높은 회수율 때문에 금의 총량을 의미 있게 줄이지는 않으며, 따라서 금은 장기적으로 매우 안정적인 공급 구조를 유지한다.

비트코인을 '디지털 금'이라고 부르는 이유는 비트코인의 공급량이 2,100만 개로 한정되어 있고, 중앙은행이나 정부가 임의로 발행할 수 없다는 점에서 금의 희소성과 유사하다고 보기 때문이다. 그러나 이 비교는 희소성 하나만 놓고 볼 때 가능한 비유일 뿐, 금과 비트코인을 동일한 자산으로 보는 것은 중요한 차이를 간과한 것이다. 근본적으로 금은 내재 가치를 갖지만, 비트코인은 그렇지 않다는 점이 중요하다. 일부 금값이 오를 것을 기대해서 금을 사는 사람도 있지만, 금 대부분은 보석으로, 산업 용도로 또는 국가의 외환 보유액으로 보유한다. 이에 반해 비트코인은 대부분이 가격이 오를 것이라는 기대 때문에 보유한다.

비트코인은 '디지털 금'이다?

사람들은 금이 별다른 내재 가치도 없는데 비싸다는 점에서 비트코인도 금과 같다고 주장한다. 금이 사용 가치가 별로 없다는 점에서는 어느 정도 동의하지만 내재 가치가 없다는 점은 틀린 주장이다. 금은 보석으로서 그리고 산업용으로서 내재 가치가 있다. 어떤 사람에게 금반지는 과거 황홀하고 열정적인 결혼을 기억하게 하는 가치를 지닌다. 이러한 주관적 가치를 사용 가치라고 하기에는 이상하지만 이것들도 나름 내재 가치가 있다는 건 분명하다. 반면에 비트코인은 이런 가치가 전혀 없다. 비트코인 코드가 아름다워서 비트코인을 소유한 사람을 아직 보지 못했다.

고가의 물건을 갖고 싶은 건 인지상정이다. 사람들은 고가의 물건을 소유하는 것만으로 또는 남에게 과시하는 것으로 주관적인 만족 또는 효용을 얻는다. 비트코인도 그럴까? 비트코인을 사는 사람은 비트코인 가격이 오를 것을 기대하는 것이다. 비트코인을 사서 금처럼 치장하거나 미술품처럼 감상하려고 하는 사람은 없다.

물론 금이나 주택 등도 가격이 오를 것으로 예상하고 자본 이득을 얻으려는 의도로 사는 경우도 있다. 따라서 이들 시장에서도 당연히 거품이 낀다. 하지만 그 거품은 일부일 뿐이다. 반면에 비트코인은 거품이 전부다. 비트코인을 사는 사람들은 가격 상승에 따른 자본 이득을 노린다. 만일 비트코인 가격이 정체되거나 내린다면 사지도 않을 것이고 급하게 팔아 치울 것이다.

이와 반대로, 금과 미술품을 소유하는 사람은 소유한 금이나 미술품의 가격이 하락한다고 해서 팔지 않는다. 물론 자본 이득을 기대하고 산 사람들은 팔 수도 있다. 하지만 비트코인은 다르다. 대다수가 자본 이득을 목적으로 보유하기 때문에 하락하면 가격이 0에 수렴할 수 있다. 물론 자본 이득이 없더라도 비트코인을 보유하려는 사람들이 있기 때문에 0으로는 떨어지지는 않는다. 하지만 현재의 가격보다 훨씬 낮은 가격으로 떨어진다.

'비트코인은 디지털 금이다'라는 주장은 비트코인 가격이 금가격처럼 폭등할 것이라는 걸 설득시키기 위함이다. 과연 금은 장기적으로 폭등했을까? 그렇지 않다. 금의 가격은 장기적으로 물가 상승을 반영해서 상승했고 물가 상승을 고려하면 금의 가치는 장기적으로 일정하고, 일정 시기에는 하락하기도 했다. 일정 기간 동안에 금값이 폭등하거나 폭락하는 경우는 있지만 장기적으로 금값은 물가 상승률을 반영해 왔다.

100년 이상 긴 호흡으로 금 가격의 움직임을 살펴보자. 1900년 금의 미국 달러 가격은 20.67달러였다. 당시 미국은 법^{Gold Standard Act}으로 금 본위제를 시행했다. 그 이후 1934년~1970년 동안 금의 가격은 35달러였다. '금 1온스=35달러' 고정제는 1934년 미국 금 보유법 시대부터 브레튼우즈 체제 하에서 유지되었다. 이 고정제는 1971년 8월 15일 닉슨 쇼크로 달러의 금 태환이 중단되면서 끝났다.

1971년 달러의 금 태환이 중지되면서 금의 가격은 달러의 속박에서 벗어났다. 1970년대는 높은 물가 상승을 경험한 시대였고, 이를 반영해서 금값도 지속적으로 상승했다. 온스 당 35달러였던 금은 2년 뒤인 1973년에는 최고 200달러 수준까지 상승했고 물가 상승을 반영해서 1970년대 말까지 꾸준히 상승했다. 그러던 금값에 버블이 낀 것은 1979년이었다. 투기 광풍에 금값은 1979년 12월 31일 970달러까지 치솟았다. 하지만 이후 금값은 제자리를 찾아갔고 1990년대 말에는 오히려 300달러에 못 미치는 수준으로 하락했다. 금값은 2002

년 이후로 다시 상승해서 2011년에는 1,572달러, 그리고 2024년에는 2,386달러가 되었다.

최근의 금 가격만을 보면서 '금값은 폭등한다'라고 단정지으면 큰 오산이다. 1974년부터 2024년까지의 연평균 상승률은 5.64퍼센트다. 이마저 같은 기간 동안의 연평균 물가 상승률 3.77퍼센트를 고려하면 실질 가격 상승률은 1.87퍼센트에 불과하다. 비트코인 투기를 권하는 사람들이 이런 사실을 알고 비트코인을 '디지털 금'이라고 부르는지 알 수는 없다. 다만 이런 가격 상승을 기대하고 비트코인을 사는 사람은 없을 것이다.

비트코인을 '디지털 금'이라 부르는 것은 비트코인의 마케팅에 불과한 표현이다. 금은 실질 가치를 가지지만, 비트코인은 오직 심리적 기대(누군가가 더 비싸게 사 줄 것이라는 기대)에 의존한다. 금은 '실체가 있는 자산'이지만, 비트코인은 '기대가 만들어 낸 자산'이다. 따라서 비트코인을 금에 비유하는 것은 실질적 내재 가치가 없는 투기적 자산에 정당성을 부여하려는 수사적 문구일 뿐이다.

비트코인은 인플레이션 방어 수단이다?

비트코인 투자를 권하는 가장 설득력 있는 광고는 '비트코인은 인플레이션으로 인한 화폐 가치 하락에 대한 효과적인 대비책'이라는 것이다. 이러한 입장에서 비트코인은 매력적일까? 2011년 비트코인의 가격은 연초에 1달러 수준이었다가 그해 여름에 30달러까지 급등하기도 했지만, 그해 평균 5달러 수준에 머물렀다. 그때부터 최근까지 14년(2011~2024년) 사이에 물가가 38퍼센트 상승(미국의 소비자 물가 지수 기준)하였으므로 물가 상승을 반영한 비트코인 가격이 2024년 말에 7달러이면 충분히 물가 상승으로 인한 가치 상실을 보전하는 수준이다.

그러나 2024년 말, 실제 비트코인의 가격은 9만 3,429달러였다. 단순히 물가 상승만을 고려했을 때의 가격인 7달러와 비교하면 약 1만 3,347배나 오른 셈이다. 물가 상승을 보전하는 차원을 훨씬 뛰어넘게 상승한 결과다. 이는 비트코인의 가격이 단순히 구매력의 변화나 경제의 성장에 따라 오른 것이 아니라, 투기적 기대와 희소성 신화에 의해 형성되었음을 보여 준다.

물가 상승을 적절하게 반영했을 때의 비트코인 가격에 비해서 1만 3,347배 상승했다면, 합리적인 사고를 하는 사람의 입장에서는 당연히 '지나치게 폭등했으니까 파는 게 좋아'라는 판단을 해야 한다. 하지만 비트코인이 물가 상승에 대한 방어 수단이라고 말하는 사람들조차 이런 조언을 하지 않는다. 비트코인을 인플레이션 방어 수단이라고 부르면서도 그에 걸맞은 합리적 판단과 행동은 요구하지 않는다. 이쯤 되면 비트코인이 '인플레이션 헤지'라는 주장은 합리적인 투자 논리가 아니라, 투기에 대한 심리적 저항을 낮추는 수사일 뿐이다.

　비트코인이 인플레이션을 막는 가장 좋은 수단이라며 구매를 권하는 이야기는 흔하지만, 실제로 인플레이션 헤지만을 생각한다면 비트코인은 가장 적합한 자산이라고 보기는 어렵다. 비트코인은 공급량이 제한되어 있다는 특성 때문에 사람들에게 일종의 '인플레이션 방어'라는 이미지를 주지만, 가격 변동성이 워낙 크고 경제 전체의 물가 흐름과 직접적으로 연동되는 구조도 아니기 때문에 전통적인 의미의 인플레이션 헤지 자산이라고 부르기에는 무리가 있다. 실제로 인플레이션이 높아지는 시기에도 비트코인이 큰 폭으로 하락한 경우가 많다.

　인플레이션 방어라는 목적만 놓고 본다면 더 오랜 역사와 더 확실한 구조를 가진 자산들이 존재한다. 대표적인 것이 금이다. 또 하나의 확실한 수단은 물가 연동 국채처럼 물가 지표에 따라 원금이 자동으로 조정되는 자산이다. 이론적으로 가장 직접적이고 100퍼센트 완벽한 인플레이션 헤지 수단이라고 할 수 있다. 부동산, 원자재, 필수 소비재 기업 주식이나 배당주 역시 장기적으로 인플레이션을 상쇄하는 기능을 한다. 비트코인은 투기적 고위험 성장 자산으로 분류되며, '인플레이션 방어'라는 이름으로 투자를 유도하는 것은 어불성설이다.

국가와 비트코인

비트코인은
이론적으로는
탈중앙화된 화폐지만
현실에서는 사실상
국가 정책에 영향을 크게 받는 시스템으로 변했다.

이는
비트코인이 주장하는
국경과 정부의 통제를 벗어난
자유로운 네트워크라는
이상과
정면으로 충돌한다.

비트코인은 '국경이 없고, 국가 권력의 통제 밖에 있는 새로운 화폐 체계'로 출발했다. 사실 많은 지지자들은 비트코인이 정부의 간섭을 받지 않는다는 점에 열광했다. 그러나 지난 15년의 시간을 살펴보면, 암호 화폐는 오히려 국가 정책(규제·세법·전력·금융·외환 정책)에 매우 민감하다는 사실이 드러났다. 암호 화폐의 형태는 분산적이지만, 그것을 둘러싼 생태계는 국가의 경제적·법적 환경에 종속되기 때문이다.

암호 화폐의 채굴과 거래가 현실적으로 국가의 자원과 제도에 의존한다. 비트코인의 보안은 전 세계 채굴자들이 제공하는 연산력에 기반하는데, 채굴은 전기, 장비, 부지를 필요로 하는 작업이다. 전기 요금이 낮은 지역, 규제가 느슨한 지역, 경제적 자원이 많은 지역이 채굴의 중심지가 되고, 그 결과 특정 국가가 네트워크의 연산력을 사실상 통제할 가능성이 생긴다. 과거 중국은 세계 비트코인 해시파워의 약 65퍼센트를 차지했고, 이는 사실상 '단일 국가가 비트코인 네트워크의 보안을 좌우할 수 있는 상황'이었다.

국가의 규제 정책도 암호 화폐 시장을 크게 흔든다. 미국 증권거래위원회의 규제 정책은 암호 화폐의 가격과 시장에 즉각적인 충격을 주었다. ETF 승인 여부, 증권성 판단, 스테이블 코인 법률 등은 암호 화폐 시장의 미래를 결정짓는 핵심 변수로 작용한다. 각국 금융당국이 거래소의 자금 세탁 방지_{AML: Anti-Money Laudering}·신원 확인_{KYC: Know your customer} 의무를 강화하면서 개인 간 자유로운 거래라는 암호 화폐의 당초 장점은 약화되었다. 실제로 암호 화폐의 대부분 거래는 중앙거래소CEX: Centralized Exchange를 통해 이루어지고 있는데, 이 거래소들은 국가 제도와 법률에 완전히 묶여 있다. 비트코인의 길목을 국가가 쥐고 있다.

또한 암호 화폐의 국제적 이동은 각국의 외환 정책에 따라 제한되거나 완전히 차단될 수 있다. 중국은 자본 통제와 통화 주권 유지를 위해 암호 화폐를 강력히 금지했고, 인도와 터키는 금융 안정과 통화 신뢰 문제를 이유로 암호 화폐를 제한적·선별적으로 규제했다. 이 경우 비트코인을 활용해서 국경을 넘어 자유롭게 자산을 이동시킬 수 없게 된다. 암호 화폐 네트워크는 물리적으로는 분산되어 있어도 국가의 억제력에 굴복할 수밖에 없게 된다.

스테이블 코인은 국가 정책의 영향을 더욱 강하게 받는다. 달러 기반 스테이블 코인(USDT, USDC 등)은 미국 금융 시스템에 의존하기 때문에, 사실상 미국 정책이 스테이블 코인의 생명줄을 쥐고 있다. 달러 예치 계좌, 단기 국채, 미국 은행 시스템을 활용하기 때문에, 미국 정부가 규제를 강화하거나 금지한다면 스테이블 코인은 즉시 기능을 상실한다.

국가의 법적 판단 역시 치명적 변수가 된다. 예를 들어 미국 증권거래위원회가 특정 코인을 '증권'으로 규정하면 그 코인의 미국 내 유통과 유동성은 급격히 위축된다. 특정 암호 자산을 증권으로 분류하면, 그 자산은 미국 증권법의 적용을 받게 된다. 발행·유통·거래가 등록registration과 공시disclosure 의무를 충족해야 한다. 문제는 대부분의 암호 자산이 이러한 요건을 충족하지 못한다는 점이다. 그 결과, 미국 내 거래소들은 법적 리스크를 피하기 위해 해당 자산을 상장 폐지delist하거나 거래를 중단하는 선택을 하게 된다. 또한 이러한 조치는 규제 신호 효과 때문에 단기적으로 글로벌 가격에 상당한 충격을 주는 경우가 많다.

결국 암호 화폐는 기술적으로는 분산되어 있지만 산업적으로는 중앙화된 형태로 국가 제도에 종속된다. 채굴은 전력·장비·부지라는 물리적 자원에, 거래는 국가의 법률·세금·금융 시스템에, 자산 보관과 결제는 은행과 규제 기관의 정책에 의존한다. 따라서 암호 화폐는 결코 국가의 영향력에서 벗어날 수 없으며, 오히려 국가 정책 변화에 가장 민감하게 되어 가고 있다.

미국의 암호 화폐 정책

글로벌 통화·금융 패권 유지?

미국의 암호 화폐 정책은 지난 10여 년 동안 급격한 변화를 겪었다. 처음에는 규제의 사각지대에서 출발했다. 2010년대 초 비트코인이 세상에 등장했을 때, 미국 정부는 명확한 입장을 내놓지 않았다. 당시 암호 화폐는 일부 커뮤니티와 인터넷 플랫폼에서만 거래되는 일종의 실험적 코인에 불과했다.

그러나 2013년, 미국 재무부 산하의 금융범죄단속국이 암호 화폐 교환 업자에게 자금 세탁 방지 의무를 부과했다. 암호 화폐를 공식적으로 규제의 대상으로 인정한 첫 조치였다. 하지만 이후로도 연방 차원의 통일된 법률이 없었기 때문에, 여러 기관이 각자의 시각에서 암호 화폐를 해석하며 규제 권한을 주장했다. 증권거래위원회는 암호 화폐를 증권으로, 상품선물거래위원회CFTC는 상품Commodity으로 간주했다. 기관마다 해석이 달랐고, 기업들은 어떤 규정을 따라야 할지 명확히 알 수 없었다. 이로 인해 미국의 암호 화폐 산업은 오랫동안 법적 불확실성 속에서 성장해야 했다.

2017년 이후 비트코인과 이더리움의 가격이 급등하면서 암호 화폐 시장은 급속히 확대되었다. 전 세계적으로 암호 화폐 공개를 통한 자금 조달이 유행했고, 미국에서도 수많은 암호 화폐 프로젝트가 등장했다. 하지만 그만큼 사기와 해킹 사건도 빈발했다. 이에 증권거래위원회는 암호 화폐 공개를 통해 판매되는 대부분의 토큰을 미등록 증권으로 간주하며 강력한 법적 조치를 취하기 시작했다.

2022년은 미국 암호 화폐 정책의 큰 전환점이었다. 조 바이든 대통령은 '디지털 자산의 책임 있는 발전을 위한 행정 명령Executive Order 14067'에 서명하며, 연방 정부 차원에서 디지털 자산을 다루는 종합 정책을 마련하라고 지시했다. 이는 암호 화폐를 국가가 공식적으로 인정하고 연구하겠다는 선언이었다. 이후 의회에서는 여러 법안이 발의되었는데, 그중 대표적인 것이 'FIT21 법안Financial Innovation and Technology for the 21st Century Act'이다.

암호 화폐는 방관과 규제의 시기를 지나서, 트럼프 2기 행정부에는 제도권으로 편입되었다. '암호 화폐 관련 3법'은 디지털 자산을 제도권 안으로 편입하고, 법적 불확실성을 해소하기 위한 입법 시도로 평가된다. 2024년 하반기 이후 하원에서 통과된 세 가지 주요 법안이 시장 질서의 새로운 틀로 주목받고 있다.[41]

첫째는 'GENIUS Act_{Guiding and Establishing National Innovation for U.S. Stablecoins Act}'다. 이 법은 스테이블 코인 발행자가 반드시 1:1로 지급 준비금을 보유하도록 의무화하고, 그 준비금의 구성과 회계 공시를 명확히 규정한다. 또한 발행자의 상환 책임을 강화하여 이용자가 언제든 법정 통화로 교환할 수 있도록 하며, 연방 차원에서 허가받은 기관만이 스테이블 코인을 발행할 수 있도록 했다. 이는 사실상 스테이블 코인을 '민간형 디지털 달러'로 인정하되, 은행 수준의 규제를 적용하려는 접근이다.

둘째는 'CLARITY Act_{Digital Asset Market Clarity Act: 디지털 자산 시장 명확화법}'다. 이 법은 디지털 자산의 법적 지위를 명확히 하는 데 초점을 맞추고 있다. CLARITY법은 토큰의 발행 목적, 구조, 유통 방식 등을 기준으로 증권형과 상품형을 구분하고, 일정 요건을 충족한 프로젝트에는 명확한 등록·면제 기준을 제공한다. 이로써 관할 충돌 문제를 해소하고, 사업자와 투자자 모두가 법적 예측 가능성을 가질 수 있도록 한다. 궁극적으로는 미국 내 디지털 자산 시장의 제도권화를 촉진하고, 합법적 혁신을 유도하려는 취지다.[42]

셋째는 'Anti-CBDC Surveillance State Act(중앙은행 디지털 화폐 감시 국가 방지법)'다. 이 법은 연방준비제도이사회_{Fed}가 개인을 대상으로 하는 '소매형 중앙은행 디지털 화폐'를 발행하지 못하도록 제한

한다. 법안의 배경에는 'CBDC가 정부의 금융 감시 도구로 악용될 수 있다'는 정치적, 윤리적 우려가 있다. 법안은 정부가 국민의 거래 데이터를 실시간으로 추적하거나 개인의 지출을 통제할 수 있는 디지털 통화 시스템을 구축하지 못하게 하려는 목적을 담고 있다. 즉, 디지털 시대에도 금융 프라이버시와 개인의 자유를 보장해야 한다는 보수적 가치관이 반영된 것이다.

이 세 법안은 공통적으로 암호 화폐 시장의 불확실성을 줄이고 제도적 기반을 마련하려는 시도라는 점에서 의미가 있다. 이를 통해서 미국의 디지털 자산 정책 방향이 '민간 주도, 시장 기반, 투명성 강화'임을 알 수 있다. 그런데 더 크고 장기적인 틀에서 보면, 이 법들은 미국의 국제 통화, 금융 패권을 어떻게 유지할 것인가라는 전략과 연결되어 있다. 미국은 암호 화폐를 '기존 통화 금융 패권을 위협할 수도, 강화할 수도 있는 변수'라고 본다. 비트코인, 스테이블 코인, 탈중앙화 금융이 달러, 은행, 국경을 우회하는 결제와 자본 이동을 가능하게 하면서, 미국의 금융 통제력과 제재 수단을 약화시킬 수 있는 리스크를 만든다. 달러를 디지털 시대에도 중심 통화로 유지하고, 글로벌 자본 흐름과 결제 질서에 대한 미국의 영향력을 계속 행사하기 위한 포석이다. 암호 화폐를 막아서 패권을 지키는 것이 아니라, 암호 화폐를 제도화함으로써 패권을 유지하겠다는 선택이다.

ETF 거래 허용이 의미하는 것은?

2024년 1월 10일, 미국 증권거래위원회가 비트코인 현물에 투자하는 상장지수펀드ETF: Exchange Traded Fund를 승인했다. 물론 비트코인 선물에 투자하는 ETF는 2021년 10월부터 뉴욕 증시에서 거래되어 왔다. 비트코인 현물 ETF의 승인이 어떤 의미일까? 비트코인 투자자들은 비트코인이 미국 정부로부터 공식 자산으로 인정받았고, 제도권 금융으로 진입했다고 해석했다. 글로벌 자산 운용사들이 비트코인 현물 ETF를 만들어 팔면 비트코인 투자가 급증해서 가격이 폭등할 것이라는 기대를 나타냈다. 과연 ETF 승인을 미국 금융 당국이 공식으로 비트코인의 가치를 인정한 것으로 해석해도 되는 걸까?

우선 비트코인 ETF가 무엇이고, 선물 ETF와 현물 ETF는 어떻게 다른지 살펴보자. 비트코인 현물 ETF와 선물 ETF는 둘 다 비트코인을 기초 자산으로 하지만, '누가 무엇을 왜 보유하느냐'에 큰 차이가 있다. 선물 ETF는 펀드 운영사가 시카고상업거래소 등에서 거래되는 비트코인 선물 계약을 펀드에 편입해 운용하기 때문에 비트코인을 직접 보유하지 않는다. 반면에 현물 ETF는 운용사가 실제 비트코인을 사서 보관한다. 그리고 선물 ETF는 단기 매매 차익을 노리는 단기 투자자들이 사는 반면에, 현물 ETF는 장기 투자자들이 사는 상품이다. 따라서 현물 ETF가 거래된다는 건 비트코인에 대한 실질 수요가 생기고 장기 투자자를 확보할 수 있다는 의미가 된다.

비트코인 현물 ETF에 가장 환호한 금융 기관은 블랙록이었다. 블랙록의 래리 핑크 최고 경영자는 "현물 ETF의 등장은 비트코인의 합법성과 안정성을 보여 준다"라며 "비트코인은 디지털 금으로서 훌륭한 가치 저장 수단이 될 것이다"라고 평가했다. JP모건도 비트코인 ETF 상품 개발에 뛰어들 것이라고 했다. 이는 당초 "비트코인은 범죄, 자금 세탁, 조세 회피에 사용되니까 가상 자산을 금지해야 한다"라던 제이미 다이먼Jamie Dimon JP모건 회장의 발언을 뒤집는 거였다.

증권거래위원회가 수년간 거부해 왔던 암호 화폐 현물 ETF를 승인하는 방향으로 전환한 이유는 무엇일까? 당초 암호 화폐 ETF 승인에 신중했던 이유는 크게 두 가지였다. 첫째, 암호 화폐 시장 자체의 투명성과 유동성, 거래 조작, 보관 측면에서 리스크가 기존 금융 상품 기준에 비해 매우 높다는 우려였다[43]. 예컨대 많은 투자자가 암호 화폐를 직접 보유할 경우 해킹, 사기, 지갑 분실 등에 노출되고, 거래량이 얕거나 호가 스프레드가 크면 시장 조작 가능성도 커진다. 이러한 리스크 때문에 증권거래위원회는 증권 시장 참여자 보호와 공공 이익 보호 측면에서 신중한 입장을 취해 왔다. 둘째, 암호 화폐가 증권인지 상품인지, 또는 별도의 자산군인지에 대한 법적 지위의 불확실성이 컸다. 법원과 의회, 규제 기관 간 관할권 논쟁이 있어 ETF로 상장될 수 있는 기초 자산인지 명확히 판단하기 어려웠다.

승인 쪽으로 방향을 바꾸게 된 배경은 암호 화폐 시장이 성숙해졌고 제도 마련이 진전되었다는 점이다. 거래소, 보관 업체, 감사 기관 등 인프라 환경이 개선되었다. 또한 법적으로 'Financial Innovation and Technology for the 21st Century Act FIT21'가 하원을 통과하면서 암호 자산에 대한 규제 명확성이 개선되었다. 주요 법원이 증권거래위원회의 거부 사유에 대해 '충분히 설명하지 않았다'는 판단을 내린 판례가 생기면서, 증권거래위원회 입장에서도 거부 기조를 계속 유지하기가 어려워졌다.

수요 측면에서도 자본 시장, 기관 투자자의 수요가 크게 증가했다는 점이 있다. 자산 운용사 및 기관들이 암호 화폐 노출을 원하는 움직임이 커졌고, 그들이 ETF 형태로 진입하고자 하는 압력이 커졌다. 이와 함께 정부 및 규제 당국 입장에서도 암호 화폐 산업을 미국 금융 시장 및 기술 혁신 경쟁력의 한 축으로 인식하기 시작했다. 즉, 너무 늦게 대응하면 해외 금융 센터와 기술 경쟁에서 밀릴 수 있다는 인식이 커졌다. 2024년 9월 23일에는 비트코인 ETF 옵션 상품도 승인되어 헤지 및 파생 상품 거래가 가능해졌다. 이로 인해 기관 투자자와 연금, 헤지 펀드 등 대규모 자금이 암호 화폐 시장으로 유입될 가능성이 커졌다. 비트코인 현물 ETF의 운용 자산은 1,150억 ~1,300억 달러 규모로 추정되며 보유한 비트코인은 약 130만 BTC 이상으로 추정하고 있다.

그러나 이러한 제도권 편입이 전적으로 긍정적인 것만은 아니다. 암호 화폐 ETF는 투자 접근성을 높이지만, 동시에 암호 화폐의 본래 정신이라 할 수 있는 탈중앙성과 자기 보관 개념을 약화시킨다.

ETF를 통해 투자하는 경우, 투자자는 실제 비트코인을 소유하는 것이 아니라 단지 그 가치에 연동된 금융 상품의 지분을 보유하는 셈이다. 이는 블록체인의 핵심 철학인 '신뢰 없는 거래trustless transaction'의 의미를 희석시킬 수 있다. 또한 ETF 상품을 운용하는 기관의 리스크, 예를 들어 보관 시스템의 안정성, 운용 수수료, 유동성 관리 문제 등은 새로운 형태의 중앙화된 위험을 낳을 수 있다.

ETF의 도입이 암호 화폐 시장의 변동성을 줄여 줄 것이라는 기대도 있지만, 현실적으로 가격 급등락 가능성은 여전하다. ETF가 투자자의 리스크를 완전히 제거하는 것은 아니며, 오히려 시장의 자금 흐름이 대형 기관에 집중되면서 가격 움직임이 특정 세력에 의해 더 쉽게 좌우될 수 있다는 우려도 있다. 특히 ETF 운용사들이 대량의 암호 화폐를 보유하게 되면, 시장 지배력이 한쪽으로 쏠릴 위험이 있다. 암호 화폐 ETF의 등장은 디지털 자산이 '비제도권 화폐'에서 '공식 자산 클래스'로 진화하는 긍정적 계기가 될 수 있지만, 동시에 비트코인 ETF가 신용을 확대하고 풍부한 유동성을 제공하는 통로가 되어 버블을 키우고 있는 건 아닐까?

스트래티지의 비트코인 비축도 비트코인의 버블 리스크를 높인다. 2020년 8월 첫 비트코인 매입은 회사의 사내 유보금을 사용했다. 하지만 2020년 말부터는 전환 사채, 회사채, 비트코인을 담보로 한 대출 등 금융 레버리지를 활용했다. 그리고 2024~2025년에는 주로 유상 증자를 매입 자금 조달 수단으로 활용하지만 주가 하락의 경우에 주주 이익에 반한다는 한계가 있다. 비트코인 시장에서 스트래티지의 비중을 감안할 때 비트코인의 시장 리스크는 크게 확대된 상황이다.

트럼프의 변덕

트럼프 대통령은 첫 대통령 임기 때 암호 화폐에 대해 회의적인 시각을 보인 적이 있다. 2021년 퇴임 직전 한 방송 인터뷰에서 비트코인에 대해 "사기처럼 보인다seems like a scam"고 했다. 그는 암호 화폐가 규제되지 않을 경우 마약 거래나 불법 활동 등과 연계될 위험이 있다고 지적했다. 2011년 비트코인이 최초로 상업적 거래로 활용된 불법 거래소 실크로드를 염두에 둔 언급이었다.

그런데 대통령 재선 운동을 하던 2024년을 기점으로 암호 화폐에 대한 그의 입장은 눈에 띄게 바뀌었다. 트럼프는 재임되자마자 암호 화폐 산업을 적극 지원하겠다는 행정 명령에 서명하며, 미국을 '암호 화폐의 중심지'로 만들겠다는 포부를 드러냈다. 이 명령에서는 중앙은행 디지털 화폐의 발행·홍보를 금지하고, 민간의 스테이블 코인 산업을 촉진하며, 암호 화폐 기업이 은행 서비스에 접근할 수 있도록 보호하겠다는 내용이 포함됐다. 2025년 3월에는 '전략적 비트코인 준비금Strategic Bitcoin Reserve'을 만들겠다고 발표했다. 미국 정부가 국세 대신 압수한 비트코인을 처분하지 않고 계속 보유하고, 필요하다면 추가로 비트코인을 확보하겠다는 구상이었다.

미국의 가상 자산 입법은 트럼프 행정부 2기가 시작한 2025년에 본격화되었다. '연방 스테이블 코인 기본법'이 2025년 7월 18일 발효되면서 스테이블 코인에 대한 첫 연방 규율이 마련되었다. 트럼프 대통령 개인의 선호만으로 스테이블 코인에 대한 과거의 저지·지연 정책이 허용, 제도화 쪽으로 전환한 것은 아니다. 무엇보다도 현실에 대한 인식 변화다. 스테이블 코인은 이미 결제·송금 수단으로 글로벌하게 확산되어 있고, 디지털 자산 생태계에서 핵심 인프라가 되었다는 점이 명백해졌다.

스테이블 코인 발행에 연계된 미국 달러화·국채 수요 확대 효과까지도 고려되기 시작했다. 이와 함께 '제도권 안으로 들여와 감독 가능한 구조로 전환'하는 쪽이 리스크를 낮추는 길이라는 인식이 확대되었다. 즉, 무허가·비감독 상태에서 자유롭게 발행되는 스테이블 코인보다, 허가·준비금·공시·감독 요건을 갖춘 발행사가 책임을 지는 형태가 더 낫다는 것이다. 그리고 미국이 글로벌 경쟁에서 뒤처지지 않으려는 입장에서 '혁신을 포용하되 통제하는 구조'가 필요해졌다. 스테이블 코인을 통해 국경 간 결제, 금융 포용성, 핀테크 경쟁력 강화를 위한 기회가 존재한다는 인식도 커졌다.

그러나 트럼프 대통령의 개인적 이해 관계 때문에 암호 화폐에 대한 미국 정책의 변화를 긍정적으로만 바라볼 수 없다. 사업가로서 트럼프 대통령은 자신과 연계된 기업 활동에서도 암호 화폐를 활용하고 있다. 그의 암호 화폐 행보는 정치적, 윤리적 논란을 동시에 낳고 있다. 언론과 법률 전문가들은 트럼프 대통령의 암호 화폐 정책 추진이 공적 그리고 사적 이익의 경계를 위태롭게 한다고 경고했다. 예를 들어, 그의 밈코인 발행 시점과 대통령 취임 직전 시기가 겹쳤다는 점, 암호 화폐 산업 규제 법안을 주도적으로 추진하면서 자신과 연관된 자산이 수혜를 볼 가능성 등이 지적된다.

2026년 2월 1일자『워싱턴 포스트』의 보도에 따르면, 아랍에미리트UAE의 국가 안보 보좌관 셰이크 타흐눈이 미국 트럼프 일가와 연계된 암호 화폐 기업인 월드리버티 파이낸셜World Liberty Financial의 지분 49퍼센트를 5억 달러에 인수했다. 셰이크 타흐눈은 UAE 대통령의 동생이자 국가 안보 보좌관으로, 정보 기관과 국부 펀드, 주요 투자 회사를 사실상 총괄하는 UAE 권력 핵심 인물이다. 이 거래가 특히 큰 논란을 불러일으킨 이유는 이 투자 결정 이후에 미국과 UAE 사이에서 첨단 인공 지능 반도체와 관련된 정책 변화가 나타났기 때문이다. 미국은 국가 안보상의 이유로 제한해 왔던 일부 첨단 기술의 UAE 이전을 허용하는 방향으로 정책을 조정했다. 미국 의회 일부에서는 외국 정부 핵심 인사가 대통령 가족 기업에 대규모 투자를 한 것이 정책 결정에 영향을 미쳤을 가능성을 조사해야 한다는 주장이 제기되었고, 이해 충돌 및 윤리 문제에 대한 논쟁이 확산되었다.

주요국의 비트코인 정책

중국은 왜 비트코인 거래를 불법화했을까

비트코인이 선보인 초기에 대다수 국가들은 비트코인을 비롯한 암호 화폐에 대해서 무시하거나 방관적인 태도를 보였다. 가장 먼저 암호 화폐에 대해 국가 차원의 공식 입장을 밝힌 건 중국이다. 중국 정부는 비트코인을 비롯한 암호 화폐에 대해 오랫동안 강력한 규제와 통제 입장을 유지해 오고 있다.

중국 정부가 암호 화폐에 주목하기 시작한 것은 2013년 무렵이다. 당시 비트코인의 거래가 급격히 늘어나며 투기 열풍이 확산되자, 중국 인민은행은 금융 기관과 결제 기관이 비트코인 거래에 관련되는 것을 금지시켰다. 이 조치는 '비트코인은 법정 화폐가 아니며, 중앙은행이 보증하지 않는 디지털 상품에 불과하다'는 명확한 메시지를 담고 있었다. 즉, 암호 화폐를 '화폐'로 인정하지 않겠다는 입장이 처음으로 공식화된 것이다.

하지만 금융 기관과 결제 기관에 대한 암호 화폐의 보유와 거래 금지 조치만으로는 암호 화폐 거래를 차단하기에 역부족이었다. 2014년에는 비트코인 결제 계좌를 동결시키고 폐지했다. 2017년에는 암호 화폐 공개에 의한 자금 조달이 폭발적으로 늘어나면서 투기와 사기가 사회 문제로 대두되었다. 이에 따라 중국 정부는 암호 화폐 공개를 전면 금지했고, 주요 암호 화폐 거래소에 대해서 영업 중단을 명령했다. 이때부터 중국 내 암호 화폐 거래의 공식 시장은 사실상 사라지고 거래는 비공식적으로만 이루어지게 되었다.

2018년에는 암호 화폐 불법 채굴장에 대한 전력 공급을 중단시키고 이들을 폐쇄했다. 그럼에도 불구하고 중국 내에서는 여전히 채굴 산업이 유지되었다. 특히 내몽골과 신장 지역은 값싼 전기료를 기반으로 세계 최대 규모의 비트코인 채굴 허브로 성장했다. 그러나 2021년 들어 중국 정부는 환경 문제와 금융 안정성 우려를 이유로 채굴 행위 자체를 금지했다.

2021년 5월 21일, 류허 부총리는 제51차 금융안정발전위원회에서 비트코인을 채굴하거나 거래하는 행위를 강력히 단속해서 개인의 위험이 사회 전체로 확산되는 걸 방지할 것임을 밝혔다. 같은 해 9월 24일, 인민은행은 암호 화폐 거래를 불법 행위로 규정하고, 개인과 기업이 암호 화폐를 사고파는 행위를 명시적으로 금지했다. 이로 써 중국 내에서 암호 화폐 거래, 채굴, 금융 서비스는 모두 법적으로 금지되었다. 그리고 챗페이, 알리페이 등 인터넷 결제 업체의 지불 결제 서비스를 활용한 불법 거래도 금지시켰다.

이러한 중국의 비트코인 등 암호 화폐에 대한 불법화 정책은 전 세계적으로 큰 영향을 미쳤다. 중국의 암호 화폐 거래소들은 해외로 이전했고 중국인들의 거래도 해외 거래소에서 체결되고 해외 계좌에 서 결제되었다. 중국의 암호 화폐 거래소인 오케인코인은 2018년 한 국에 진출해서 15만 명 이상의 사용자를 모집한 바 있다. 2021년 5월 에 인민은행의 암호 화폐에 대한 규제 강화 조치가 발표되자, 비트코 인은 5만 7,218달러(2021년 5월 12일)에서 3만 4,770달러(2021년 5월 24 일)로 급락했다. 같은 기간 동안 이더리움도 4,168달러에서 2,099달 러로 급락했다.

왜 중국은 비트코인을 비롯한 암호 화폐를 불법화했을까? 인민 은행의 공식적인 입장은 암호 화폐의 투기 거래로 인해서 금융 경제 질서가 교란되고 돈세탁, 불법 자금 조달, 사기 등 범죄 활동을 조장 해서 국민 재산의 안정성을 위협하기 때문이다. 보다 중요한 이유는 앞으로 인민은행의 위안화 암호 화폐의 도입에 있어서 민간의 암호 화폐가 방해되지 않도록 미리 손을 쓰고 있다고 보는 전문가들이 많다.

중국은 특히 암호 화폐가 자본 유출 통제를 어렵게 만든다는 점을 우려한다. 비트코인과 같은 탈중앙화 자산은 정부가 추적하거나 규제하기 어렵기 때문에, 불법 송금이나 자금 세탁의 통로가 될 위험이 있다. 따라서 중국 정부는 암호 화폐를 통화 정책 집행이나 국경 간 자본 흐름 관리에 있어서 위험 요소로 여긴다. 무엇보다 전체 국가 경영에 있어서 국가 권력의 관리 범주를 이탈하는 것을 용인하지 않으려는 의도로 읽힌다.

중국은 암호 화폐를 사실상 전면 금지하고 있지만, 블록체인 기술 자체는 적극 육성하고 있다. 국가가 통제할 수 있는 중앙은행 디지털 화폐 중심으로 암호 화폐를 국가가 직접 관리하고자 한다. 그리고 암호 화폐가 아닌 다른 가상 자산에 대해서는 오히려 거래를 촉진하는 정책을 채택하고 있다. NTF에 대해서는 국영 거래소를 출범시켜서 거래를 장려하고 있다. 정부는 '블록체인은 미래 산업의 핵심 기술'이라고 강조하며, 금융, 물류, 행정, 데이터 관리 등 다양한 분야에서 블록체인 기반 시스템을 도입하고 있다.

지역적으로는 홍콩을 전면적으로 개방해서 가상 자산 허브로 육성하는 정책을 발표했다.[44] 중국 본토에서는 암호 화폐 거래와 채굴이 불법이지만, 홍콩은 예외적으로 인정하고 있다. 홍콩을 일종의 '디지털 자산 실험장'으로 활용하며, 국제 자본과의 연결 창구로 삼고 있다. 이로 인해 '본토는 통제, 홍콩은 개방'이라는 이중 전략이 암호 화폐 정책에도 적용되는 양상을 보인다.

이러한 정책 방향의 핵심에는 디지털 위안e-CNY이 있다. 중국 인민은행이 발행하는 디지털 위안은 중앙은행이 완전히 통제할 수 있는 디지털 화폐다. 위안화와 1:1로 교환 가능하며, 오프라인 결제나 국제 결제도 시험 운영 중이다. 중국 정부는 이를 통해 현금 없는 사회를 가속화하고, 동시에 금융 데이터와 자금 흐름을 보다 면밀히 관리할 수 있는 체계를 구축하려 하고 있다. 민간 암호 화폐가 추구하는 탈중앙화와는 반대로, 국가 주도의 디지털 금융 체계를 구축하려는 시도다. 이처럼 중국은 블록체인 기술의 효율성과 혁신성은 활용하되, 통화 발행은 철저히 중앙정부의 통제 아래 두는 정책을 고수하고 있다.

한편 중국의 디지털 위안화 정책은 위안화 국제화와 국제 금융 선진화를 동시에 겨냥한 전략적 실험이다. 이는 단순한 결제 기술의 디지털화가 아니라, 위안화 국제화가 직면한 한계를 기술로 우회하려는 국가 전략으로 이해할 수 있다. 자본 통제를 유지한 채 국제 통화가 되기는 어렵고, SWIFT[45]와 같은 기존 결제망은 미국의 제도적 영향력에서 자유롭지 못한 실정이다. 바로 이러한 상황에서 위안화 국제화를 미국과의 '화폐 경쟁'이 아니라 '플랫폼 경쟁'으로 전환하는, 기술 기반의 우회 전략이다.

비트코인을 법정 화폐로 채택한 엘살바도르

2021년 9월 7일, 엘살바도르는 미국 달러와 함께 새로이 비트코인을 법정 화폐로 채택했다. 비트코인을 법정 화폐로 인정한 세계 최초의 국가가 되었다. 이 결정은 작은 중남미 국가가 국제 금융 질서에 던진 대담하면서 한편으로는 무모한 도전이었다. 엘살바도르의 비트코인 법정 화폐화 실험은 '금융 포용financial inclusion을 확대하고 해외 송금remittances 비용을 줄이며, 외국인 직접 투자FDI; Foreign Direct Investment를 촉진하겠다'는 슬로건 아래 이루어졌다.

이런 과감한 시도는 나이브 부켈레Nayib Bukele 대통령이 아니면 불가능했다. 그는 스스로를 '가장 멋진 독재자'라고 말한다. 사실 그는 대통령 취임 후에 6만 명 이상을 조직 범죄와 관련해서 구금했는데, 그 가운데 최소 150명이 사망했다. 당시 엘살바도르는 외채 위기에 처해 있었고 살인과 사회 무질서로 국가적 혼란 상태였다. 당시 41세의 대통령은 이미 암호 화폐 인플루언서였고 트위터 팔로우가 400만 명에 달했다. 1단계 프로젝트로 국고를 사용해서 1억 달러에 상당하는 비트코인을 매수했다. 2022년 2월에는 2단계 프로젝트로 '비트코인 시티'를 건설하는 계획을 발표했다. 화산의 지열 에너지를 이용해 친환경적으로 비트코인을 채굴하고,[46] 도시 전체를 세금이 없는 경제 특구로 조성하겠다는 구상이었다.

이 시도의 배경에는 단순한 기술적 호기심이 아니라, 경제 구조와 금융 시장의 한계를 극복해야 하는 절실함이 묻어 있었다. 엘살바도르는 2000년 12월부터 자국 통화를 포기하고 미국 달러를 공식 통화로 사용해 왔다. 당시 심각한 경제 불안정과 인플레이션을 막기 위한 조치였지만, 결과적으로 중앙은행의 통화 정책 권한을 상실하게 만들었다. 정부는 경기 부양이나 물가 조절을 스스로 할 수 없었고, 모든 경제 상황이 미국 달러 정책에 종속되었다. 속수무책으로 달러화의 움직임에 경제는 흔들리는 상황이었다.

2021년 6월, 마침내 엘살바도르 의회는 비트코인법_{Bitcoin Law}을 통과시켰다. 이 법은 대통령 나이브 부켈레의 강력한 주도 아래 추진되었으며, 비트코인을 미국 달러와 함께 법정 화폐로 인정한다는 내용을 담고 있었다. 모든 상점과 사업자는 비트코인을 결제 수단으로 받아야 하며, 정부는 국민이 쉽게 사용할 수 있도록 관련 인프라를 제공하기로 약속했다. 같은 해 9월 7일, 법은 공식적으로 발효되었다.

엘살바도르 정부는 비트코인을 법정 화폐로 채택하는 데 있어서 두 가지 목적을 강조했다. 하나는 해외 이주민의 송금 수수료 비용을 절감시킨다는 목적이다. 국내 총생산의 20퍼센트에 해당하는 금액이 매년 해외에서 일하는 근로자들로부터 송금되어 오는데 기존 송금 시스템에서는 10퍼센트 안팎의 수수료가 빠져나갔다. 다른 하나는 은행 계좌가 없는 국민에 대한 금융 포용성을 높인다는 목적이다. 국민 70퍼센트가 은행 계좌가 없는 상황에서 은행 계좌 없이도 송금을 받을 수 있는 비트코인은 새로운 해결책이었다.

법 시행에 즈음해서 정부는 치보Chivo라는 국가 공식 전자 지갑 애플리케이션을 출시했다. 국민들은 휴대 전화로 이 앱을 설치하면 30달러 상당의 비트코인을 받을 수 있었고, 전국의 주요 상점과 주유소에는 비트코인 결제 단말기가 설치되었다. 정부는 또한 비트코인과 달러를 즉시 교환할 수 있도록 1억 5,000만 달러 규모의 신탁 기금을 조성했다. 이러한 인프라 구축은 국민이 비트코인을 실제 생활 속에서 사용할 수 있도록 돕기 위한 시도였다.

비트코인 법정 화폐 도입 이후 엘살바도르는 몇 가지 긍정적인 변화를 경험했다. 먼저 금융 접근성이 개선되었다. 치보 앱을 통해 많은 국민이 처음으로 디지털 금융 시스템에 참여하게 되었고, 2022년 초 기준으로 인구 650만 명 중 400만 명 이상이 지갑을 다운로드했다. 또한 해외 송금 수수료가 크게 줄어들어, 미국 등지에서 일하는 근로자들이 가족에게 더 많은 돈을 보낼 수 있게 되었다. 또한 비트코인 채택은 엘살바도르를 국제적 관심의 중심으로 만들었다. 전 세계 미디어와 투자자들이 엘살바도르를 주목했고, 그 결과 관광객이 급증했다. 정부 발표에 따르면, 2022년 관광 수입은 팬데믹 이전보다 30퍼센트 이상 늘었다.

하지만 비트코인 가격이 불안정해서 비트코인이 거래에 활용되는 경우는 제약적이었다. 비트코인의 높은 가격 변동성은 가장 큰 위험 요인이었다. 비트코인 가격이 급락할 때마다 국민들의 자산 가치가 흔들렸고, 일부 상인들은 여전히 비트코인 결제를 꺼렸다. 비트코인 결제 플랫폼이 완전히 정착되지 않은 점도 비트코인의 활용도를 낮춘다. 치보 지갑도 초기에 기술적 문제로 불만이 많았다. 서버 접속 오류나 거래 지연, 보안 우려 등이 잇따랐고, 실제 사용자 수는 정부가 발표한 수치보다 훨씬 적다는 분석도 있다. 2023년 기준 해외 송금에서 비트코인이 차지하는 비중은 1~2퍼센트 남짓에 불과했다. 최근(2024~2025) 중앙아메리카대학교Central American University, UCA 여론 조사에 따르면, 일반 국민들 약 90퍼센트 이상이 최근 1년간 비트코인 거래를 하지 않았다고 한다.

국제 기구의 반응도 냉담했다. 처음부터 국제통화기금IMF과 세계은행World Bank은 엘살바도르의 정책을 '금융 안정성을 위협할 수 있는 위험한 결정'으로 평가했다. IMF는 지속적으로 비트코인의 급격한 가격 변동이 국가의 재정 안정성을 해칠 수 있으며, 대외 부채 상환에도 위험 요인이 된다고 경고했다. 결국 2024년 말 엘살바도르 정부는 IMF와 14억 달러 규모의 금융 지원 협약을 체결하면서 일부 정책을 수정했다. 상점의 비트코인 결제 의무 조항이 폐지되었고, 세금 납부 수단으로 비트코인을 사용하는 조항도 중단되었다. 대신 정부는 비트코인을 '국가 자산의 일부'로 보유하되, 공공 부문 차원에서 추가 매입은 자제하겠다는 입장을 밝혔다.

그럼에도 불구하고 엘살바도르는 비트코인의 법정 화폐 지위를 유지하고 있다. 다만 초기의 급진적 추진에서 벗어나서 보다 현실적이고 점진적인 방식으로 방향을 수정했다. 정부는 비트코인을 일상 결제 수단으로 강제하기보다는 국가 홍보와 투자 유치의 수단으로 활용하고 있다. 비트코인 법정 화폐화 실험은 경제적 효용성과 국민 수용성 측면에서 아직 뚜렷한 성공을 거두지 못했고 그 추진 동력은 약화되었다. 다만 비트코인을 국가 브랜드화해서 홍보 수단으로 유지하고 있다.

비트코인의 한국 내 입지

암호 화폐의 성지 한국

2023년 12월, 한 국내 언론이 블룸버그 통신을 인용해서 전 세계 비트코인 거래에서 원화 결제 규모가 달러화 결제 규모를 앞섰다는 기사를 내놓았다.[47]

5일(현지 시각) 블룸버그 통신은 가상 자산 데이터 제공 업체 씨씨데이터CC Data의 자료를 인용해 지난 달 비트코인을 거래한 법정 화폐에서 원화가 처음으로 달러화를 추월했다고 보도했다. 지난 한 달 간 비트코인으로 교환된 법정 화폐 중 원화 비중은 42.8퍼센트로 집계되었다. 지난 해 9월부터 현재까지 원화 시장 점유율은 약 41퍼센트로 그 이전과 비교하면 17퍼센트포

인트 확대되었다.

이 기사를 해석하는 데 주의할 점이 있다. 원화 결제가 달러화 결제에 버금가는 이유는 우리나라의 경우 코인 거래소에서의 암호 화폐와 원화 사이의 결제가 주류를 이루는데 비해, 외국에서는 암호 화폐와 다른 암호 화폐, 특히 스테이블 코인이 거래의 매개 수단으로 활용되기 때문에 달러화 결제 규모가 상대적으로 적게 잡히기 때문이다. 이러한 통계상의 모호한 기준을 감안하더라도, 비트코인을 비롯한 암호 화폐 거래에 우리나라 사람들이 활발하게 참여하고 있다는 것은 어느 정도 인정되는 사실이다.

금융위원회가 공개한 '2025년 상반기 가상 자산 사업자 실태 조사'에 따르면, 국내 가상 자산의 시가 총액은 약 95조 원에 달하며, 국내에서 실명 확인 입출금 계정을 통해 거래 가능한 암호 화폐 이용자는 1,077만 명을 넘어섰다. 하루 평균 거래 규모 역시 약 6.4조 원으로 집계되어, 암호 화폐가 국내 금융 시장에서 결코 주변적 자산이 아님을 보여 준다.[48]

거래소에 상장된 암호 화폐[49]는 622개인데 이 중 66퍼센트인 366개는 단독 상장되어 있다. 단독 상장이란 국내 사업자 1곳만이 거래를 취급한다는 의미로 거래와 보유가 상장사와 관련된 사람들에 국한되어 있다는 의미다. 특히 단독 상장 암호 화폐 가운데 50퍼센트는 국내산 암호 화폐였다. 이는 한국 시장이 얼마나 특이한 '섬'

처럼 작동하는지를 보여 준다. 글로벌 시장에서 인정받지 못한 자산이 한국에서만 활발히 거래되고, 때로는 단일 커뮤니티의 열기에 의해 극단적 가격 변동을 겪는다. 다른 나라에서는 찾아보기 어려운 현상이다.

우리나라의 암호 화폐 보유자들은 대다수가 소액 보유자들이다. 100만 원 미만 보유자는 443만 명으로 전체 보유자의 73퍼센트이다. 반면에 1,000만 원 이상 보유자는 49만 명으로 전체 보유자의 8퍼센트이고, 1억 원 이상 보유자는 4.4만 명으로 0.7퍼센트에 불과하다. 전체 암호 화폐에서 국내 투자자들의 비트코인 투자 비중은 통계상으로는 나와 있지 않다. 다만 설문 조사를 통해서 전체 암호 화폐 투자의 약 30퍼센트 가량이 비트코인에 투자하는 것으로 파악되고 있다.

현실적으로 국가별로 암호 화폐의 보유 현황이나 거래 규모를 정확하게 파악하기란 불가능하다. 다만 여러 가지 지표를 통해서 추측할 뿐이다. 당초 비트코인은 P2P로 거래되도록 만들어졌다. 하지만 개인 사이의 거래에서 사기가 빈번하고 거래 당사자에 대한 신뢰도가 낮아서 점차 거래소를 매개로 해서 거래되고 있다. 하지만 여전히 개인 간 거래도 병행되고 있어서 실제 소유자별 국적을 알기는 불가능하다.

여러 가지 기준에서 우리 국민들의 암호 화폐 투기 성향이 국제적으로도 높다는 것은 확실하다. 코인 거래소를 이용하는 인구 비율면에서 우리나라는 인구의 20퍼센트 이상이 코인 시장에 참여하고 있다. 반면에 미국은 인구의 15퍼센트 내외, 유럽에서는 10퍼센트 안팎에 머물고, 일본은 5퍼센트를 밑돈다. 거래 규모 측면에서 한국은 하루에 6조 원이 넘는 자금이 암호 화폐 거래소를 드나들고 있다. 코스피의 하루 거래 규모가 10~16조 원, 코스닥이 6~7조 원임을 감안하면 마치 금융 시장이 3분화되는 모습을 보인다. 반면에 주요국의 경우 코인 거래는 주식 거래 규모에 비해서 상대적으로 낮은 수준이다. 그리고 국내 최대 코인 거래소인 업비트의 글로벌 거래소 순위는 세계 2~4위 수준이다.

우리나라 사람들은 왜 이토록 코인에 매달릴까? 그 이면에는 우리나라 특유의 사회적 배경과 심리가 자리한다. 많은 젊은 세대에게 오를 대로 오른 부동산은 이미 손에 닿지 않고, 금융 상품의 수익률은 점점 매력을 잃어 가고 있다. 그런 현실에서 암호 화폐는 유일하게 '빠르게 부를 쌓을 수 있다'는 희망의 사다리로 보일 수도 있다. 모바일 금융과 디지털 기술에 익숙하고, 스마트폰으로 모든 것을 해결하는 이 사회에서 코인 투자는 자연스러운 확장처럼 받아들여진다. 그리고 고속 성장한 시대를 살아온 많은 한국인들은 '기회를 놓치면 안 된다'는 습관적 긴장감을 안고 있다. 한국의 코인 투자가 유독 단타 위주이고, 소액 투자자가 다수라는 사실은 이 같은 심리를 또렷하게 보여 준다. 손실과 위험을 감수하더라도, 기회가 있다면 우선 달려가는 심리가 코인 시장을 붐비게 한다.

애매모호한 법적 지위

2024년 1월 미국에서 비트코인 현물 ETF의 상장이 허용되면서 블랙록, 피델리티 등 글로벌 금융 기관들이 관련 상품들을 개발해서 활발하게 거래되었지만 우리나라 금융 기관들은 이들 상품 거래를 중개할 수 없었다. 따라서 국내 투자자들이 본인 스스로 직접 해외 금융 기관을 통해서 투자하는 상황이 벌어졌다. 왜 그럴까? 한국은 2017년부터 금융 기관의 가상 자산 투자를 금지했기 때문이다. 우리 나라에서 비트코인을 비롯한 암호 화폐의 애매한 법적 지위는 계속 되고 있다.

한국의 암호 화폐에 대한 정책은 지난 10년간 급격하게 변화해 왔다. 초기에는 제도적 공백 속에서 사실상 방임에 가까운 상태였지 만, 이후에 투기 과열과 범죄 악용 사례가 늘어나면서 규제가 강화 되고 있다. 최근에는 제도권 내로 흡수해서 관리를 강화하고 투자자 보호를 중시하는 방향으로 발전하고 있다.

비트코인이 처음 국내에 소개된 2013년 무렵만 해도 정부는 암 호 화폐에 대해 명확한 입장을 내놓지 않았다. 금융위원회와 법무부 는 비트코인을 '법정 화폐나 금융 상품이 아닌, 단순한 디지털 자산' 으로 규정했으며, 이를 금지하지도 허용하지도 않는 모호한 태도를 유지했다. 당시에는 암호 화폐 거래 규모가 작고, 주로 일부 IT 커뮤 니티나 해외 결제에만 활용되는 수준이었다. 내재 가치에 대한 평가가 어렵고 시장 변동성이 지나치게 커서 위험성이 높다는 판단에 따라 신중하고 소극적인 입장을 취해 왔다.

그러나 2017년 들어 상황은 완전히 달라졌다. 암호 화폐 시장의 규모가 날로 커지고 투자자도 증가했다. 그리고 가상 자산을 둘러싼 사기와 불공정 거래가 심각한 사회적 문제를 야기했다. 2017년 말, 전 세계적으로 암호 화폐 공개 붐과 함께 비트코인·이더리움 등 주요 암호 화폐 가격이 폭발적으로 상승했다. 우리나라는 그중에서도 가장 뜨겁게 과열되었다. 비트코인 가격이 사상 처음으로 2,000만 원을 돌파하고, 폭등세를 이어 나갔다. 김치 프리미엄Kimchi Premium으로 해외 거래소보다 국내 거래소 가격이 20~50퍼센트까지 높아지는 비정상적 현상도 발생했다. 비트코인 가격이 폭등하면서 국내에서도 투자 열풍이 일었고, 업비트·빗썸·코인원·코빗 등 대형 거래소가 등장했다. 암호 화폐 공개 광풍이 일어나서 해외 프로젝트뿐 아니라 국내에서도 암호 화폐 공개가 우후죽순 등장하며 투기 열기가 확산되었다. .

정부는 이러한 상황을 심각한 투기 과열로 판단했다. 2017년 9월 금융위원회는 암호 화폐 공개를 전면 금지했고, 12월에는 암호 화폐 거래 실명제를 도입하겠다고 발표했다. 이어 2018년 1월부터는 거래소가 은행을 통해 실명 확인 입출금 계좌를 의무적으로 사용하도록 규정했다. 그리고 금융 회사의 가상 자산 보유, 매입, 담보 취급, 지분 투자 등을 전면적으로 금지했다.

법무부는 일시적으로 거래소 폐쇄 가능성을 언급하기도 했으나, 국내 여론이 나빠지자 청와대와 금융위원회가 나서서 진화에 나섰다. 이 시기 정부의 공식 입장은 "가상 화폐는 화폐가 아니라 투기성 자산"이었다. 투기를 억제하기 위한 조치로 강도 높은 규제가 시행되었지만, 개인 투자자들의 참여 열기는 식지 않았다.

이후 정부는 가상 화폐 시장을 단순히 단속의 대상이 아니라, 제도적 관리가 필요한 새로운 자산 시장으로 인식하기 시작했다. 결정적인 전환점은 2020년 3월 국회를 통과한 '특정 금융 정보법(이하 특금법) 개정안'이었다. 이 개정법에서 '가상 자산'이라는 법률 용어가 처음으로 법에 포함되었다. 이 법으로부터 가상 자산 거래소, 지갑 서비스, 수탁 업체 등 가상 자산 사업자_{VASP: Virtual Asset Service Provider}가 최초로 제도권으로 편입되었다.

특금법 개정안은 2021년 3월 시행되었으며, 이에 따라 가상 자산 사업자는 반드시 금융정보분석원_{FIU: Financial Information Unit}에 등록해야 하고, 고객의 신원 확인과 자금 세탁 방지 의무를 준수해야 했다. 또한 거래소는 은행과 연계된 실명 계좌를 통해서만 운영할 수 있었고, 정보보호관리체계_{ISMS: Information Security Management System} 인증을 획득해야 했다. 이 조치로 인해서 수백 개의 중소 거래소가 문을 닫았으며, 업비트·빗썸·코인원·코빗·고팍스 등 주요 5개 거래소만이 정식 등록을 마치고 살아남았다.

2023년 7월에는 '가상 자산 이용자 보호법'을 제정해서 가상 자

산의 불공정 거래자를 처벌하고 투자자를 보호하는 초보적 수준의
조치를 취했다. 하지만 가상 자산의 발행과 유통, 가상 화폐 산업 육
성 등을 포괄하는 적극적 입법은 아직 나오지 않았다.[50] 최근 정부는
디지털 자산 기본법 제정을 추진하고 있다. 이 법은 가상 자산 발행,
상장, 유통, 투자자 보호, 불공정 거래 처벌 등을 포괄적으로 규율할
예정이라고 한다. 한마디로 디지털 자산을 하나의 제도화된 금융·
산업 영역으로 승화시키려는 포괄적 입법이다.

한편으로는 가상 자산을 조세와 회계 제도 속으로 편입하는 움
직임도 진행되고 있다. 하지만 가상 자산 거래 수익에 대한 과세에서
도 애매한 정부의 입장은 계속되고 있다. 2017년 이후 한국에서 가
상 자산 거래가 급격히 확산되면서 상당한 거래 차익이 발생하자 조
세 형평성 차원에서 2020년 소득세법 개정을 통해 가상 자산 거래
이익을 과세하기로 했다. 하지만 가상 자산 거래로 발생한 이익을
'기타 소득'으로 분류해서 주식이나 부동산처럼 명확한 자산 범주로
인정하기보다는 성격이 불분명한 소득으로 취급하는 절충적 선택
을 했다. 그리고 원래 2022년 1월 시행을 목표로 했으나 반복적으로
시행이 유예되고 있는 상태다.

2026년 2월 6일, 우리나라에서 두 번째로 규모가 큰 가상 자산 거
래소 빗썸에서 황당한 일이 터졌다. 약 44조 원에 달하는 62만 개의
비트코인이 이용자 계정에 잘못 지급되었다. 소규모 이벤트 당첨자
695명에게 총 62만 원을 지급하는 과정에서 '원'을 '비트코인'으로 입

력하는 오류를 범한 것이다. 오지급된 일부 비트코인은 즉시 매도하거나 거래되어 비트코인 가격이 급락하는 혼란이 일어나기도 했다. 대부분의 오지급 물량은 외부 지갑으로 이동하기 전에 회수되었으며, 전체의 약 99퍼센트 이상이 복구되었다.

이 사고의 심각한 부분은 오지급 사고로 인한 빗썸의 손실 규모가 아니다. 이 사고의 심각성은 약 4만 개의 비트코인만을 보관하고 있는 빗썸이 어떻게 62만 개를 지급할 수 있었느냐의 문제다. 이로 인해서 모든 암호 화폐 거래소의 신뢰는 흔들리고, 준비금 증명 PoR: Proof of Reserve에 대한 금융 당국의 강력한 규제를 받을 수밖에 없다. 그리고 나아가 암호 화폐에 대한 신뢰에도 부정적인 영향을 미칠 것으로 예상된다. 내가 보유한 암호 화폐가 진짜인지 가짜인지 모든 암호 화폐 보유자들은 의심을 떨쳐 버릴 수 없게 되었다. '절대 신뢰'를 내세우던 암호 화폐에는 치명상이 아닐 수 없다.

연극이
끝나고 난 뒤

연극이 끝나고 난 뒤
혼자서 객석에 남아
조명이 꺼진 무대를 본 적이 있나요.
음악 소리도
분주히 돌아가던 조명도
모두 다 멈춘 후
객석에는
정적만이 남아 있죠.

비트코인의 가치와 가격

가치와 가격은 일치할까?

고대 철학자 플라톤에서 '근대 경제학의 아버지' 아담 스미스까지 고민했던 문제가 있다. '왜 인류에게 소중한 물은 가격이 낮은데, 아름다운 것 말고는 별로 소용이 없는 다이아몬드는 가격이 그토록 비쌀까?' 하는 문제다. 오늘날 경제학자들은 이 역설을 '총효용'과 '한계 효용'이라는 개념으로 설명한다. 물은 인간에게 주는 총효용이 압도적으로 크지만, 대부분의 상황에서 충분히 공급되어 추가 1단위가 주는 만족, 즉 한계 효용이 낮다. 반대로 다이아몬드는 총효용은 작더라도 희소해서 마지막 1단위의 한계 효용이 높다. 그런데 가격은 한계 효용이 결정하므로 물은 싸고 다이몬드는 비싼 게 당연하다고 설명한다.

비트코인의 가치와 가격을 생각해 보기 전에 일반적인 가치와 가격의 관계를 생각해 보자. '시장은 항상 옳다는 믿음'은 '가격을 가치로 간주'하는 생각으로 이어진다. 하지만 매일매일 등락하는 가격을 보거나 하루 아침에 몇 배 상승하는 암호 화폐의 가격을 보자면, 가치가 그렇게 바뀔 수 있나 하는 의문이 든다. 무엇보다 가격은 시장에서 정해지는 결과로서 객관적인 사실인 반면에 가치는 주관적이라는 점이 가격과 가치가 일치한다는 주장에 의문을 품게 한다.

재화나 서비스에 대한 가치가 개인마다 다르다는 점도 가격이 곧 가치라는 주장을 받아들이기 어렵게 만든다. 손흥민 팬에게는 손흥민이 입었던 유니폼이 엄청난 가치가 있지만, 축구에 관심이 없는 사람에게는 손흥민이 입었던 유니폼은 새 유니폼보다 가치가 덜하다. 그만큼 가치는 주관적이다. 시장에서 형성되는 가격이 순전히 사람들의 가치를 고스란히 반영해서 결정된다는 주장은 현실에서 인정하기 어렵다. 가격에는 사람들의 가치 외에 다른 변수들이 막강한 영향을 미치기 때문이다.

가치와 가격은 서로 다르지만 서로 연관성을 갖는다. 가격은 지금 이 순간 시장에서 형성되는 교환 비율이다. 매수자와 매도자가 만나는 지점에서 시장에서의 유동성, 금리와 세금, 정보의 비대칭, 군중 심리 같은 요소가 뒤섞여 결정된다. 반면 가치는 어떤 자산이 장기적으로 만들어 낼 효용과 현금 흐름을, 합리적인 가정과 할인율로 현 시점에서 평가한 추정치다. 그래서 가격은 '현재의 합의'에 가깝고, 가치는 '장기적 기대'에 가깝다. 일반적으로 시장이 합리적이라면 가격은 가치를 기준으로 오르거나 내리면서, 장기적으로 가격이 가치에 수렴하는 경향이 있다. 하지만 현실적으로는 두 값이 항상 꼭 같지 않고 자주 어긋난다. 때로는 한참 동안 서로 멀리 떨어지기도 한다.

가격과 가치에 대한 경제학자들의 이론도 일치하지 않는다. 고전학파는 생산 비용과 노동 가치를 중시해서 가치가 가격을 결정한다고 보았다. 비용 측면에서의 가치가 재화의 가격을 결정한다고 주장했다. 미르그스의 노동 가치설은 노동만이 가치가 있고 따라서 가격은 투하된 노동의 가치에 의해 결정된다고 보았다. 하지만 한계 효용 학파 이후에 주류 경제학은 소비자의 한계 효용이 가격을 결정한다고 보았다. 굳이 가치에 대해서는 언급조차 하지 않는다. 왜냐하면 그들은 가격이 곧 가치라고 보았기 때문이다. 오늘날 경제학자들은 무의식적으로 가치의 문제는 아예 거들떠보지도 않는다. 오로지 가격만이 관심사일 뿐이다.

그러나 많은 행동 경제학의 연구들은 인간의 인지적 편향과 감정이 가격을 체계적으로 왜곡할 수 있음을 보여 준다. 행동 경제학은 가치의 심리적 기반을 강조하며, 앵커링, 과신, 확증 편향, 군집 행동과 같은 반복적 편향이 가격을 합리적 가치로부터 장기간 이탈시키는 메커니즘을 설명한다. 한편 제도 경제학은 소유권, 규칙, 네트워크와 같은 보이지 않는 제도적 인프라가 가치와 가격 사이의 연결 고리를 강화하거나 약화시킬 수 있다고 본다.

따라서 '언제나 모든 가격이 곧 가치'라는 생각과 믿음은 잘못되었다. 시시각각 변하는 현재의 가격은 사람들의 편향, 시장 구조, 사회적 제도, 정보 부족과 비대칭성 등 여러 가지 이유로 '본질적인 가격(가치라고 부를 수도 있다)'으로 이탈하기 때문이다.

여기에서 다소 이론적 설명을 하는 이유는 비트코인을 옹호하는 사람들이 자주 "가격이 중요하지 가치는 생각하지 마라"거나 "비트코인 가격이 곧 가치"라는 말을 하기 때문이다. 이제, 이러한 선동적 주장이 어떻게 틀리고 그리고 왜 이런 주장을 하는지 살펴보기로 하자.

피자 한 판이 5,000억 원?

비트코인이 최초로 거래 수단으로 사용된 건 2010년 5월 22일이었다. 피자 두 판을 사면서 비트코인 1만 개를 지불했다. 당시 피자 한 판이 15달러라고 한다면 비트코인 1개의 가격은 0.003달러였던 셈이다. 그로부터 15년이 지난 후의 비트코인 가격은 1억 원을 넘어섰으니 피자 한 판을 최소 5,000억 원에 샀던 셈이다.[51] 이런 황당한 일이 어떻게 벌어졌을까?

이는 사실 비트코인의 가격이 치솟으면서 발생했다. 당시 피자를 1만 개 비트코인으로 사 먹은 사람에게는 전혀 문제가 없다. 그는 극히 정상적인 계산을 통해 거래를 했다. 문제는 그 이후로 비트코인에 투기해서 그 가격을 천정부지로 올린 우리들에게 있는 것이다. 만일 비트코인의 가격이 지금처럼 치솟지 않고 당시 가격에서 10배 정도 오른 0.03달러 수준에 그쳤다면 피자 한 판을 150달러에 사 먹은 셈이다. 이 가격도 높긴 하지만 그래도 이 정도는 해프닝으로 넘길 수 있다. 하지만 피자 한 판이 5,000억 원이라니.

비트코인의 전체 공급량이 2,100만 개라는 점이 비트코인의 가격 상승의 근거로 설명된다. 하지만 공급이 제한적이라는 사실이 그 상품을 가치 있게 만들지는 않는다. VHS 비디오 테이프는 더 이상 생산되지 않으며, 시간이 갈수록 실물 수량은 자연 감소하고 있다. 완전히 공급이 제한된 상태이지만 대부분의 VHS는 중고 시장에서 1~5달러에 거래된다. 「토이 스토리」, 「타이타닉」, 「쥬라기 공원」 같은 초대형 히트작조차 예외가 아니다. 구형 휴대 전화인 노키아 3310 초기 모델도 생산은 종료되었고, 상태 좋은 제품은 점점 희귀해지고 있다. 그러나 대부분의 구형 휴대 전화는 수집가 일부를 제외하면 거의 가치가 없다.

비트코인의 가격이 오른다고 예측하는 사람들이 어김없이 내세우는 근거는 과거 15년 동안 가격이 급등했다는 사실이다. '과거에 근거 없이 올랐으니까 앞으로도 근거가 없어도 오른다'는 주장이다.

단순한 순환 논리일 뿐이다. 실제로 크라겐Kraken 암호 화폐 거래소의 한 임원은 "숫자는 상승한다"라고 주장했다. 가격이 오를수록 사람들은 가격 상승을 기대해서 비트코인을 구매하고, 이로 인해서 비트코인 가격은 오를 거라는 얘기다.

비트코인 숭배자들은 비트코인의 가격 상승은 주식과도 유사하다고 한다. 예를 들어서 1997년 아마존이 최초로 주식을 발행했을 때 그 주식에 1,000달러 투자했다면, 2020년 말에는 그 가치가 200만 달러 이상으로 올랐을 것이다. 불과 32년 만에 2,000배 이상의 수익률을 올린 셈이다. 하지만 비트코인의 가격 상승과는 전혀 다르다. 32년 동안 아마존의 자산 가치, 매출액, 영업 이익이 엄청나게 증가했고 주가 상승은 이러한 기업의 성장을 반영한 것이다. 비트코인 가격이 0.003달러에서 14년 만인 2022년 7만 달러에 달했을 때, 비트코인은 아무런 수익도 잠재력도 보여 주지 못했다. 오히려 초기에 비트코인이 내세웠던 미래의 화폐로서의 발전 가능성은 사라진 지 오래였다.

『블랙 스완』의 저자 나심 탈레브Nassim Talab는 "비트코인은 종국에 가서는 0달러로 떨어질 것"이라고 예언한다. 그는 "비트코인의 가격은 외부로부터 끝없이 자금이 유입되어야 유지되었다. 아직까지는 계속 가격이 오를 것이라는 기대로 새로운 수요자들의 자금을 끌어왔기 때문에 가격이 올라 왔다. 하지만 이런 기대가 사라지거나 고갈되는 경우에 비트코인의 가격은 하락하고 결국 0달러에 수렴할 것이다"라고 보았다.

비트코인 가격이 0이 되지는 않을 거라고 예측하는 경제학자 가운데 한 명이 하버드대학의 케네스 로고프Kenneth Gogoff 교수다. 그는 비트코인이 지하 경제의 화폐로써 사용된다는 점에 주목한다. 전 세계적으로 지하 경제의 비중을 약 20퍼센트 정도로 추정하고 비트코인이 불법과 탈법 거래의 지불 수단으로써 100달러 지폐와 경쟁할 것으로 예측했다. 그는 비트코인이 순전히 투기적인 자산이라고 보지는 않고 지하 경제의 거래 수단으로써의 가치가 있다는 점에서 본원적 가치가 0은 아니라고 본다.

그렇다고 그가 비트코인의 예찬가는 절대 아니다. 그는 비트코인의 역기능을 강조하면서, "묵시론적 영화 「매드 맥스」의 디스토피아적 미래에서가 아니라면 암호 화폐가 합법적 거래에서 달러를 대체해서 지배적 통화가 될 가능성은 전무하다"[52]고 보았다. "지하 경제의 거래 수단인 비트코인을 정부가 적극적으로 규제해야 하고 나아가 할 수 있다"라는 게 그의 확고한 신념이다. 하나의 의문이 남는다. 향후 지하 경제의 거래 수단으로는 비트코인보다는 스테이블 코인이 더 적합하지 않을까? 동일한 수준의 익명성을 가지면서도 가격 측면에서는 더 안정적이라는 점에서 그렇다.

가격 마지노선은 있는가?

───────

일부 비트코인 옹호자들은 채굴 비용이 비트코인 가격의 마지노선이고 그 이하로는 하락하지 않는다고 주장한다. 이런 주장에 근거해서 현재의 막대한 비트코인 채굴 비용을 고려할 때, 비트코인 가격은 크게 하락하지 않는다는 예측을 내놓는다. 비트코인 채굴 비용은 채굴에 필요한 고도의 컴퓨팅 능력을 갖춘 컴퓨터 구입 비용과 작업 증명을 위한 컴퓨터 연산 작용에 소요되는 전기료의 합이다. 그런데 전력 비용은 국가마다 다르고 채굴 장비 가격도 어떤 장비를 어떻게 효율적으로 사용하느냐에 따라 다르기 때문에 실제 채굴비를 꼭 집어 말하기 어렵다. 다만 대체로 3~7만 달러 수준일 것으로 추정할 뿐이다. 2025년 비트코인 가격이 10만 달러 이하로 폭락하자 사람들은 이러한 추정을 근거로 7만 달러가 비트코인 가격의 마지노선이라고 주장했다.

채굴 비용은 채굴자의 수에 따라서 변한다. 비트코인 가격이 올라서 비트코인을 채굴하려는 사람들이 많아지면 채굴에 드는 전력비가 증가한다. 왜냐하면 비트코인은 평균 10분에 1개의 블록을 생성하도록 코딩화되어서 2주마다 채굴 난이도(해시레이트)가 자동으로 조정된다. 채굴자가 많아져서 난도가 증가하면 채굴에 소모하는 전력이 증가해서 채굴 비용이 상승하게 된다. 그리고 채굴 비용을 상쇄하고도 이윤을 얻을 정도로 비트코인 가격이 오르면 새로운 채굴자들이 진입하기 때문에 결국 채굴 비용은 비트코인 가격에 근접하게 된다.

하지만 재화의 생산 비용이 재화 가격의 마지노선이 된다는 건 난센스다. 예를 들어 보자. 목공 숙련자가 아닌 여러분이 목재 의자를 만들어 판다고 해 보자. 최고로 비싼 목재를 사서 고가의 목공 기계를 사용해서 의자를 만들었다. 그런데 여러분이 만든 의자가 형편 없는 구식 디자인이고, 여러분의 목공 솜씨가 좋지 않아서 누구도 살 의향이 없는 의자가 만들어졌다면 과연 얼마에 팔 수 있을까? 의자 제작에 소모된 비용은 총 50만 원인데도 불구하고 실제로 그 의자는 겨우 1만 원 정도에 팔릴 수도 있다. 제작한 의자가 실용적이지도 편안하지도 않고 디자인 측면에서도 형편없기 때문이다.

비용이 가격을 결정하는 건 아니다. 엄청난 비용을 들여서 만든 재화가 헐값에 팔리는 경우가 비일비재하다. 애써 기른 배추, 양파 등 농산물이 팔리지 않아 썩히는 경우도 있다. 상품을 사려는 사람이 적기 때문이다. 앞에 든 사례에서 혹시 여러분이 유명 연예인이라면 여러분의 팬들이 그 의자를 고가에 사고 싶어 할 것이고 그 의자를 원가의 두 배인 100만 원에 팔 수도 있을 것이다. 원가가 재화나 서비스 가격의 마지노선이 아니라는 건 경제학 원론을 제대로 배운 사람이라면 쉽게 이해할 수 있다.

비트코인도 그렇다. 비트코인을 채굴하기 위해서 엄청난 비용 (채굴기 구입비+전력비+채굴소 운영비)을 들이지만 비트코인 가격은 원가 이하로 내려가게 된다. 이렇게 비트코인 가격이 하락해서 채굴을 해도 손해를 보게 되면 점차적으로 채굴자들은 떠나게 되어서 채굴 비용은 점차 낮아지게 된다. 비트코인 채굴 비용이 가격을 결정하는 것이 아니다. 진실은 그 반대다. 비트코인 가격이 비용을 결정한다. 따라서 비트코인 채굴 비용이 비트코인 가격의 마지노선이라는 주장은 틀렸다.

사실 비트코인 채굴비는 비트코인이 언제 채굴되었느냐에 따라서 다르다. 비트코인 가격이 최고치에 달한 2024년의 경우에는 경쟁이 치열해서 그 비용은 대략 7만~10만 달러에 이르렀다. 하지만 첫 제네시스 블록이 채굴되던 당시에는 채굴 비용은 거의 0달러였고 그 이후로도 수년 간은 1달러에도 미치지 못했다. 실제로 2009년 10월, 세계 최초의 암호 화폐 거래소인 '뉴 리버티 스탠다드'는 전기 요금을 기준으로 1달러 대 1,309.03개 비트코인이라는 교환율을 결정한 바 있다. 따라서 비트코인 가격의 마지노선이 채굴 비용이라는 주장은 비트코인 가격이 0이 될 수 있다는 걸 암시한다.

놈, 놈, 놈

「좋은 놈, 나쁜 놈, 이상한 놈」은 2008년에 개봉한 한국 영화로, 1930년대 만주 벌판을 배경으로 한 액션극이다. 영화는 성격과 목적이 다른 세 남자의 추격전을 그린다. 정우성이 연기한 '좋은 놈'은 현상금 걸린 악당을 사냥하는 도덕적 신념과 정의감을 지닌 인물이다. 이병헌이 맡은 '나쁜 놈'은 잔혹하고 냉혈한 갱단 두목으로, 목적을 위해서라면 어떤 수단과 방법도 가리지 않는다. 반면 송강호가 연기한 '이상한 놈'은 어딘가 엉뚱하고 예측 불가능한 도둑이다. 보물 지도를 차지하기 위한 세 사람의 운명이 얽히기 시작하면서 인간의 욕망과 운명, 그리고 혼돈 속에서 인간의 본성이 드러난다. 세 주인공이 각자의 방식으로 손에 쥐려 했던 '보물'은 결국 허상에 불과했다.

이 영화를 보면 암호 화폐 세계에서 좌충우돌 서로 부딪히면서 아슬아슬하게 각자의 길을 가는 세 사람이 떠오른다. 워렌 버핏, 일론 머스크, 그리고 도널드 트럼프 대통령. 이 세 사람은 개성이 강하기도 하거니와 암호 화폐의 영역에서 서로 다른 그룹을 대변한다.

버핏은 암호 화폐, 특히 비트코인에 대해 일관되게 강한 회의적 시각을 보여 온 대표적 투자자다. 그는 비트코인을 '내재 가치 없는 자산'이라며, 그의 투자 철학과 기준에서 암호 화폐는 수용하기 어려운 대상이라고 본다. 심지어는 비트코인을 "rat poison squared(쥐약의 제곱)"라고 비유하며, 암호 화폐의 위험성과 비현실적 과열을 비판한 바 있다. 그는 암호 화폐 시장을 근본적으로 투기 시장으로 본다. 그는 암호 화폐가 "다음 사람이 더 높은 가격에 사 줄 것이라는 기대 심리에 기반한 구조"라고 비판하며, 이런 투기적 속성이 "좋지 않은 결말"을 맞을 가능성이 높다고 경고했다.

버핏은 암호 화폐가 생산적인 활동을 하지 않는다는 점을 가장 큰 문제로 삼는다. 그는 "암호 화폐는 아무것도 생산하지 않는다"는 말을 되풀이했는데, 이는 배당금, 이자, 수익 같은 현금 흐름이 없는 자산에 투자할 이유가 없다는 그의 원칙을 반영한 것이다. 예를 들어 그는 "전 세계 비트코인 전체를 25달러에 사겠냐"는 가정 질문에 대해 "그런 제안이 와도 나는 사지 않겠다. 왜냐하면 그것이 나에게 무슨 도움이 되겠느냐"고 말하며, "그것은 아무것도 하지 않을 것이다It isn't going to do anything"라고 했다.

일론 머스크는 트럼프 대통령과 더불어 암호 화폐 세계에서 가장 영향력 있는 인물이자, 동시에 가장 예측하기 어려운 인물이다. 그의 한마디는 시장을 요동치게 만들었다. 때로는 수많은 투자자에게 희망을, 또 어떤 이들에게는 혼란을 안겼다. 머스크의 발언이 갖는 영향력은 가히 절대적이었다. '머스크가 말하면, 시장은 움직인다'는 말이 생겨날 정도였다. 그러나 그는 자신이 시장을 조종한다는 인식을 불편해 했다. "나는 도지코인으로 장난을 치긴 하지만, 결코 투자 조언을 하는 건 아니다"라고 선을 그었다.

그의 암호 화폐 여정은 '호기심 어린 관찰자'로 시작했다. 초창기 머스크는 비트코인에 대해 특별한 관심을 드러내지 않았다. 하지만 2019년 트위터x에 "Dogecoin might be my fav cryptocurrency(도지코인이 나의 최애 코인인지도 모르겠군)"라는 글을 남기며 모든 것이 바뀌었다. 이 한 문장은 단순한 농담처럼 보였지만, 이후 도지코인의 가격은 폭등했고, 머스크는 한순간에 '도지코인의 아버지DogeFather'로 불리게 되었다.

그가 모든 가상 화폐를 무조건적으로 지지한 것은 아니었다. 머스크는 "암호 화폐에 전 재산을 걸면 바보 같은 일이다"라고 경고하며, 과도한 투기를 경계했다. 그는 암호 화폐의 가능성을 인정하면서도, 현실적 위험과 규제의 필요성 역시 강조했다. 비트코인에 대해서도 "비트코인은 어느 정도의 가치가 있다. 그러나 화폐로 쓰이기엔 너무 비효율적이다"라고 언급하며, 그 기술적 한계와 환경 문제를 지적했다.

특히 환경 이슈는 그가 테슬라 CEO로서 비트코인 결제 중단을 결정하게 된 이유였다. 2021년 테슬라는 비트코인 결제를 도입했지만, 곧바로 머스크는 "비트코인 채굴이 환경에 악영향을 끼친다"며 이를 중단했다. 그 결정은 전 세계 암호 화폐 시장을 단번에 흔들었다. 그러나 그는 동시에 "비트코인이 재생 에너지[53]로 채굴될 수 있다면 다시 결제를 검토하겠다"라고 밝혀, 기술적 진보를 통한 회복 가능성도 열어 두었다.

최근 머스크의 행보는 더 전략적으로 변하고 있다. 그는 X(구 트위터)에 결제 기능을 추가하려는 'X Money' 프로젝트를 추진 중이며, 이를 통해 비트코인과 도지코인이 실제 결제 수단으로 쓰일 가능성도 제시했다. 또한 새로운 정치 활동을 시작하면서, "법정 화폐는 희망이 없다. 비트코인은 자유의 상징이다"라는 발언으로 주목을 받았다. 이는 단순한 경제 논리를 넘어, 자유와 혁신의 정치적 메시지로도 해석된다.

일론 머스크의 암호 화폐 철학은 모순적이면서도 매혹적이다. 그는 암호 화폐가 미래의 화폐가 될 수 있다고 믿지만, 동시에 그 위험성과 한계도 인식한다. 그의 발언에는 종종 농담과 진지함이 공존하며, 그 속에는 '기술은 인간을 더 자유롭게 만들어야 한다'는 신념이 깔려 있다. 머스크는 단순한 투자자가 아니라 암호 화폐 시대의 '이단적 철학자'다.

트럼프 대통령의 암호 화폐에 대한 입장은 시간의 흐름에 따라 뚜렷한 변화를 보여 왔다. 초기에 그는 비트코인에 대해 상당히 부정적인 견해를 보였다. 2019년 7월 트위터에서 "나는 비트코인과 다른 암호 화폐를 좋아하지 않는다. 그것들은 돈이 아니며, 가치가 얇은 공기 위에 있으며 변동성이 크다. 규제되지 않은 암호 자산은 마약 거래 등 불법 활동을 촉진할 수 있다"고 했다.

그러나 2024년 이후 트럼프의 태도는 완전히 달라지기 시작했다. 암호 화폐를 미래의 금융 혁신이자 미국 경제의 새로운 성장 동력으로 치켜세우는 친암호 화폐 입장으로 전환했다. 2025년 들어서는 미국 정부가 직접 비트코인을 보유하는 '전략적 비트코인 준비금'을 설립하겠다는 행정 명령에 서명했다.

2025년 3월 20일, 디지털 자산 서밋Digital Assets Summit에서는 영상 연설을 통해 "미국을 확실한 비트코인 초강대국이자 세계 암호 화폐의 수도로 만들겠다”고 말했다. 2025년 7월, GENIUS Act 등 암호 화폐 법안에 서명하며 “스테이블 코인의 엄격한 규제 프레임 워크는 미국 금융과 기술 주도권을 굳히는 큰 걸음”이라고 평가했다. 2025년 11월, 플로리다 비즈니스 포럼에서는 “우리는 미국이 비트코인 초강대국, 암호 화폐의 세계 수도가 되도록 할 것”이라고 말했다.

트럼프 대통령의 암호 화폐에 대한 입장 선회에 대해서 정치적 계산을 의심하는 시각도 있다. 트럼프 대통령 개인의 비즈니스 이해관계와 정책 간의 경계가 모호하다는 비판 역시 꾸준히 제기되고 있다. 트럼프 대통령과 그의 가족, 그리고 측근들은 최근 몇 년 사이 암호 화폐 산업에 깊이 관여하며 막대한 경제적 이익을 거둔 것으로 알려져 있다. 트럼프 대통령은 자신의 재산 공개 자료에서 암호 화폐 관련 소득이 2024년 기준 6억 달러 이상임을 보고했다. 그의 암호 화폐 지지와 지원 정책을 단순한 정책적 판단과 선택으로 보기에는 뭔가 석연치 않다.

그중 대표적인 사례는 2024년 말 설립된 ‘월드 리버티 파이낸셜 WLIF: World Liberty Financial’이라는 암호 화폐 회사다(암호 화폐 디파이 프로젝트다). 이 회사는 트럼프 가족과 긴밀히 연관되어 있다고 알려져 있다. ‘금융의 자유’와 ‘미국 중심의 디지털 금융 주권’을 표방하면서 ‘USD1’이라는 스테이블 코인을 발행했다. 보도에 따르면 트럼프 가족은 이 회사의 수익 배분 구조에서 압도적인 지분을 보유하고 있으며, 토큰 판매로 발생한 수익 중 약 60~75퍼센트가 트럼프 일가로 귀속되는 구조라고 알려져 있다.

이 회사는 정치적 논란의 중심에 서 있다. 토큰 운영의 투명성 문제도 불거졌다. 2025년 들어 일부 투자자와 개발자들은 자신이 보유한 토큰이 명확한 설명 없이 동결되었거나, 프로젝트 자금 운용이 불투명하다고 주장했다. 내부자 중심의 의사 결정 구조, 토큰 언락 일정과 대량 매도 의혹은 '탈중앙화'라는 프로젝트의 표방과 정면으로 충돌했다. 그리고 보안과 신뢰성 문제도 WLIF의 이미지를 크게 훼손했다. 공동 창립자 계정이 해킹되어 가짜 트럼프 테마 코인이 홍보되는 사건이 발생하면서, 프로젝트의 관리 역량과 이용자 보호 수준에 대한 의문이 커졌다.

소셜 미디어 플랫폼 소유 회사인 트럼프 미디어Trump Media는 약 20억 달러 규모의 비트코인을 매입해 '암호 화폐 재무 전략crypto treasury strategy'을 펼치겠다고 밝혔다. 이 회사는 비트코인을 자산 보유 수단으로 삼는 동시에 플랫폼 내 토큰 도입 계획도 발표했다. 또 다른 사례로는 '$TRUMP'라는 이름의 밈코인이다. 이 코인은 트럼프 대통령의 정치적 브랜드와 대중적 이미지를 마케팅 수단으로 삼은 가상 자산으로, 출시 초기부터 폭발적인 관심을 받았다. 트럼프 대통령은 SNS을 통해 이 코인을 간접적으로 언급하거나 지지하는 듯한 발언을 하면서 시장의 관심을 자극하기도 했다.

2025년 1월 21일, 트럼프 대통령은 실크로드의 창립자 로스 울브리히트Ross Ulbricht를 사면했다. 울브리히트는 2011년 다크웹 기반의 온라인 시장인 '실크로드'를 만들고 운영한 혐의로 2015년에 종신형을 선고받았다. 비트코인 등 암호 화폐로 익명 거래를 가능하게 했고, 마약 거래 등 불법 활동의 온상이 되었다는 이유였다. 트럼프 대통령은 첫 임기 때, 실크로드의 경우를 거론하면서 비트코인이 범죄를 조장한다고 했었다. 그런데 그 실크로드 창업자를 사면하다니, 참 이해하기 어려운 대통령이다. 비트코인에 대한 애절한 사랑 때문일까?

비트코인 시장의 본질

폰지 사기와 피라미드 판매의 하이브리드

폰지 사기Ponzi Scheme란 신규 투자자의 돈으로 기존 투자자에게 약속한 이자나 배당금을 지급하는 방식의 금융 사기다. 1920년대 미국에서 막대한 투자 배당을 약속한 찰스 폰지Charles Ponzi가 벌인 사기 행각에서 유래됐다. 찰스 폰지는 아무런 사업도 벌이지 않은 상태에서 신규 투자 금액으로 기존 투자자들에게 배당하는 사기 행각을 벌였다. 폰지가 시중 금리보다 더 높은 이자를 보장해 주겠다는 광고를 내자 많은 사람들이 거액을 맡겼다. 이 돈을 챙긴 후, 폰지는 처음에 제시한 이자보다 더 높은 이자를 보장해 주겠다는 두 번째 광고를 냈다. 여기서 조달한 자금으로 처음 맡긴 사람들에게 원금과 이자를 지불했다. 하지만 이와 같은 방식을 계속 반복하던 중 결국 엔 고객들에게 원금과 이자를 지불할 수 없는 상황이 됐다. 이후로 이와 유사한 경우를 폰지 사기라고 부르게 됐다.

수익의 원천을 숨기고 거짓으로 고수익을 보장하는 폰지 사기 와 구별해서, 수익의 원천을 투명하게 밝히고 고수익을 보장하지 않 는 경우를 '폰지 경제'라고 한다. 비트코인 거래 구조를 보면 수익의 원천에 대한 기망이 없고 고수익 보장이 없다는 점에서 폰지 경제와 유사하다. 하지만 기존 비트코인 투자자들이 비트코인의 잠재적 활 용성을 과대 포장하고 비트코인 가격이 오른다는 허위 예측이나 과 장된 선동으로 투자자들을 현혹시켰다면 폰지 사기와 다를 바 없 다. 가령 비트코인을 '디지털 금으로 주요국들이 비축할 거다', '2026 년에는 수익률이 100퍼센트 될 거다', '2030년에는 비트코인이 100만 달러를 넘을 것이다' 등의 말로 신규 투자자를 유인한다면, 그건 폰 지 사기와 다를 바 없다.

비트코인 시장 구조는 폰지 경제와 다른 점도 있지만 근본 원리 는 같다. 폰지 사기와 달리 비트코인 거래에서는 사기를 치고 이득 을 취하는 기획자 1인이 존재하지 않는다. 폰지 사기는 1인이 거래를 기획하고 그 이득을 취하는 구조다. 그런데 비트코인에서는 그러한 개인이나 집단이 존재하지 않는다. 기존 투자자들이 자발적으로 이 득을 취하기 위해 신규 투자자를 모집한다.

그러나 비트코인이 가격을 유지하는 동력은 새로운 매수자의 유입이라는 점에서 폰지 사기와 같다. 전형적인 폰지 사기는 새로운 가입자에게서 받은 자금으로 기존 가입자에게 약속한 수익을 제공한다. 비트코인의 경우에는 새로운 매수자가 나서서 높은 가격에 비트코인을 사면 가격이 올라서 기존 투자자들이 자본 이득을 챙기는 구조다.

다른 한편으로 비트코인 거래 구조는 피라미드 판매와 유사하다. 기존 투자자들이 자신의 이익을 위해서 새로운 매수자들을 유인한다. 피라미드 판매와 같이 신규 가입금을 받아 기존 가입자들이 나누지는 않는다. 하지만 신규 가입자가 비트코인을 사서 비트코인 가격이 오르면 그 자본 이득을 모두가 누린다. 일찍 투자한 사람의 수익률이 상대적으로 높고 최근에 투자한 사람의 수익률이 낮은 것도 피라미드 판매에서의 계층에 따른 차별적 이익 배분과 유사하다.

폰지 사기와 다단계 판매의 공통점은 둘 다 수익을 내는 비즈니스 모델이 없다는 점이다. 주식은 기업의 실적과 배당, 부동산은 임대료나 실물 자산의 가치로 평가되지만, 암호 화폐는 수익이나 현금 흐름을 창출하지 않는다. 오직 다음 투자자가 더 비싼 값에 사 줄 것이라는 기대가 가격을 지탱한다. 다단계 판매에서 수익이 나기 위해서는 새로운 가입자의 유입이 계속되어야 한다. 새로운 가입자가 유일한 생명선이다. 이러한 점에서 비트코인 시장도 마찬가지다. 새로운 자금이 비트코인을 더 높은 가격으로 사 줘야 가격이 유지된다.

실제로 암호 화폐 시장에서 폰지 사기 같은 프로젝트가 다수 있었다. 일부 암호 화폐 프로젝트들이 투자자 모집 후 자금을 빼돌리거나, 근거 없는 고수익을 약속하는 방식으로 운영되었다. 모든 암호 화폐 시장은 후속 자금에 의존하는 순환 구조를 가지고 있다. 가격이 오를 때는 모두가 이익을 얻지만, 새로운 투자자 유입이 줄어들면 가격이 급락하고, 결국 손실은 후발 투자자에게 전가된다. 2017년 암호 화폐 공개 붐 때 수많은 코인들이 탄생했다가 몇 년도 지나지 않아 사라졌다. 2021년 NFT와 디파이 시장에서도 비슷한 투기성 붐이 나타났다.

워렌 버핏은 비트코인을 "아무 가치도 생산하지 않는 투기 자산"이라고 규정했다. 그의 오랜 동반자인 찰리 멍거 역시 비트코인과 암호 화폐 전체를 "도박에 가까운 행위"라고 강도 높게 비판해 왔다. 이들은 비트코인의 가격이 오르는 유일한 원인은 '누군가에게 더 비싼 가격에 되팔기 위한 희망Ponzi-like expectation'뿐이라는 점을 강조한다.

P2P인데 거래소가 웬 말?

비트코인은 '누구 허락 없이 서로 직접 주고받는다'는 P2P를 상정하고 출발했지만, 지금은 대부분 거래소를 통해서 거래된다. 거래소는 암호 화폐의 흐름에 있어서 환전과 유동성의 관문 역할을 맡는다. 암호 화폐를 개인 간에 거래하기보다는 거래소를 활용해서 거래하면 분명히 편리한 측면도 있다. 구매자와 판매자가 접속해서 호가를 맞추는 유동성, 원화·달러를 드나드는 온·오프램프, 키 관리와 수수료·체인 선택 같은 복잡함을 덜어 주는 인프라가 되기 때문이다.

문제는 거래소를 통한 암호 화폐 거래의 대부분은 '지급 수단'이 아니라 '투기적 거래'라는 사실이다. 사람들이 거래소에서 비트코인이나 이더리움을 사고파는 주된 이유는 '결제'가 아니라 '시세 차익'이다. 비트코인은 원래 P2P 거래를 매개하는 '전자 화폐electronic cash'로 설계되었지만, 오늘날 거래소에서 이루어지는 거래의 대부분은 화폐로서의 사용이 아니라 자산으로서의 매매다. 암호 화폐 거래소는 주식 시장처럼 기능하며, 이용자들은 실제로 물건을 사거나 서비스 대금을 결제하기 위해서가 아니라, 가격 변동에서 이익을 얻기 위해 매수와 매도를 반복한다.

실제로 거래소에서 코인을 구매한 사람들 중, 그것을 지급 수단으로 사용하는 비율은 극히 낮다. 국제결제은행BIS과 여러 연구 보고서에 따르면, 암호 화폐 거래의 90퍼센트 이상이 투기 목적의 교환 거래로 분류된다. 상점 결제나 개인 간 송금 등 '실물 경제적 사용'은 전체 거래의 1~2퍼센트 수준에 불과하다. 한국의 경우에도 거래소의 거래 금액 대부분은 원화와 암호 화폐 간 단기 매매이며, 실제 결제용으로 출금해 사용하는 비율은 거의 측정이 불가능할 정도로 미미하다.

　암호 화폐가 거래에 활용되지 못하는 이유는 명확하다. 가격 변동성이 너무 크기 때문이다. 비트코인은 하루에도 수십 퍼센트씩 가격이 오르내린다. 이런 자산을 화폐처럼 결제에 사용하면, 구매자나 판매자 모두 안정적인 거래를 할 수 없다. 그리고 결제 인프라가 미비하다. 비트코인을 직접 받는 상점은 극히 드물고, 결제 시 수수료·시간·세무 처리 문제도 복잡하다. 거래소는 '결제 수단으로서의 진입로'가 아니라, 가격 투기 시장으로서의 플랫폼으로 고착되었다.

　암호 화폐가 거래소에서 거래되는 경우에 해킹 위험에 노출된다. 암호 화폐의 장점은 개인 소유로부터 오는 익명성과 암호화에서 오는 높은 안전성이다. 그런데 거래소에서 거래되는 순간에 이러한 장점은 사라진다. 중앙화거래소는 고객 자산을 한곳에 보관하는 구조라서 '큰 보물 창고'가 된다. 특히 즉시 출금 거래를 위해 인터넷에 연결된 핫월렛hot wllet을 운영하는데, 이 지갑의 개인 키가 탈취되면 대규모 유출로 직결된다.

　2014년 도쿄의 Mt. Gox 거래소는 지갑 키 관리가 무너진 대표적 사례다. 장기간에 걸쳐서 수십만 비트코인이 사라졌다. 이후 업계는 콜드월렛cold wallet, 인터넷에서 분리된 지갑 비중 확대와 멀티시그multisigniture 도입을 서둘렀지만, 2016년 비트파이넥스는 멀티시그 운용 과정의 보안 공백을 찌른 공격으로 대량의 비트코인을 도난당했다. 2018년에는 일본 코인체크에서 네트워크가 분리되지 않은 소프트웨어 지갑 관리상의 허점이 노출되며 대량의 밈코인이 유출됐다. 같은 해 국내에서도 코인레일·빗썸 등 여러 거래소가 잇달아 침해를 겪었다.

거래소를 통한 암호 화폐가 보편화되면 암호 화폐는 더 이상 국가의 간섭과 규제로부터 자유로울 수 없다. 정부의 가장 손쉬운 간섭이 거래소에 대한 규제다. 거래소는 법인을 만들고, 은행 계좌를 개설하며, 세금과 회계 규정을 따라야 하는 등 모두 국가 제도 위에서 활동한다. 따라서 국가는 거래소에 높은 자본 요건을 요구하거나, 실명 인증과 자금 세탁 방지를 강제하거나, 위험하다고 판단되는 코인의 거래를 금지하는 방식으로 시장 진입 자체를 막을 수 있다. 거래소가 차단되면 일반 시민이 암호 화폐에 접근하는 길이 사실상 봉쇄되기 때문에, 이는 암호 화폐 확산을 억제하는 강력한 수단이 된다.

단순화시켜 보면 암호 화폐 거래소는 사실 암호 화폐의 은행이나 마찬가지다. 비트코인은 100달러 지폐와 비슷하고 거래소에 맡긴 비트코인은 은행 계좌에 넣어 둔 예금과 비슷하다. 돈을 은행 계좌에 넣어 두면 편리하듯이, 비트코인도 거래소에 맡기면 거래하기 편리하다. 하지만 은행 계좌가 세무 당국, 법 집행 당국, 법원 등의 추적과 압류의 대상이 되는 것과 마찬가지로 거래소의 비트코인도 마찬가지다. 은행이 금융 당국의 규제로부터 자유로울 수 없듯이 암호 화폐 거래소도 마찬가지다.[54]

암호 화폐의 장점이라고 자랑했던 익명성, 탈중앙화, 정보 집중

해소, 은행 위험의 회피, 국가 권력으로부터 탈피는 암호 화폐가 거래소에서 거래되는 순간부터 허공으로 사라진다. 2026년 초, 빗썸의 62만 개의 비트코인 오지급 사고는 이를 적나라하게 보여 주었다. 거래소는 언제든지 페이퍼 코인을 만들어 거래하고, 지급된 코인을 내 계좌에서 내 동의도 없이 마음대로 불러들일 수 있으며, 정부의 규제와 제재에 속수무책이었다. 과연 우리는 빗썸을 신한은행보다 더 신뢰할 수 있을까?

비트코인 붕괴 시나리오

터지지 않는 버블은 없다

새로운 금융 기술과 금융 상품이 출현하면 그 추종자들은 혁명의 대오에 참여한다는 확신과 비장함을 공유한다. 새로운 기술과 상품이 기존 금융 체제를 대체하고 부의 재편을 가져오리라 흥분한다. 초기에 비트코인을 비롯한 암호 화폐 투자자들이 느끼는 분위기가 이러했을 것이다. 하지만 지금의 상황은 그렇지 않다. 대다수 사람들은 그 변화의 의미를 모른 채 단지 투기의 기회로 삼아 빠른 시일에 부를 늘릴 기회로 생각하고 위험에 뛰어들고 있다.

수많은 경제학자, 금융인, 투자자들이 암호 화폐의 위험성을 지적해 왔다. 글로벌 금융 위기를 정확히 예측해 '닥터 둠Dr. Doom'이라는 별칭을 얻은 인물 루비니는 "암호 화폐의 99퍼센트는 사기이며, 나머지 1퍼센트도 과대평가되어 있다"고 주장했다. 그는 "비트코인은 통화로서 기능하지 못하며, 실질적인 생산 활동을 창출하지 않는다"고 지적한다. 그에게 비트코인은 새로운 형태의 '폰지 사기'며 "단순히 다음 투자자가 더 높은 가격을 지불하길 바라는 구조일 뿐이다"라고 비판했다.

또 다른 대표적 비판자는 피터 쉬프Peter Schiff다. 그는 금 투자 전문가로, '금 본위 주의' 입장을 오랫동안 고수해 왔다. 쉬프는 비트코인을 "줄기 없는 거품stemless bubble"이라 부르며, 본질적 가치를 창출하지 못하는 허상이라고 비판했다. 그는 "비트코인은 사람들이 믿고 있는 한에서만 존재하는 일종의 신념 시스템에 불과하다"고 말한다. 금은 물리적 가치와 산업적 활용성이 있지만, 비트코인은 전기가 끊기면 사라지는 데이터일 뿐이라는 것이 그의 주장이다. 쉬프는 또한 자신의 비트코인 지갑을 분실한 사건을 예로 들며, "디지털 자산은 언제든 사라질 수 있다"는 불안정성을 지적하기도 했다.

금융계의 거물인 제이미 다이먼 JP모건 CEO 역시 비트코인을 강하게 비판해 왔다. 그는 이미 2017년에 "비트코인은 사기이며, 좋은 결말을 맞지 못할 것이다"라고 말한 바 있다. 다이먼은 통화의 핵심은 신뢰와 제도적 보장인데, 비트코인은 그 둘 중 어느 것도 제공하지 못한다고 본다. 그는 정부가 뒷받침하지 않는 '가짜 돈fake money'은 결국 사라질 것이라고 주장하며, 비트코인의 불법 자금 세탁 및 범죄 사용 가능성에도 우려를 표했다. 흥미롭게도 JP모건은 이후 블록체인 기반 금융 서비스를 일부 도입했지만, 다이먼 개인은 여전히 "비트코인은 쓸모없는 투기 자산"이라고 선을 긋고 있다.

그리스의 전 재무 장관이자 경제학자인 야니스 바루파키스_{Yanis Varoufakis}도 비트코인을 "완벽한 거품_{perfect bubble}"이라고 했다. 그는 비트코인의 가격이 실제 사용 가치보다 지나치게 부풀려져 있으며, 사회적 불평등을 해소하기보다는 오히려 새로운 형태의 금융 집중을 낳고 있다고 지적한다. 다만 블록체인 기술의 잠재력은 인정하며, "기술과 투기를 구분해야 한다"고 강조했다. 블록체인은 혁신적이지만 비트코인은 사회적 도구로서 실패했다는 입장이다.

배우 출신으로 암호 화폐 비판 운동에 적극 나선 벤 매켄지_{Ben McKenzie} 역시 이 흐름에 합류했다. 그는 『Easy Money』라는 책에서 암호 화폐 시장을 '카지노 자본주의_{casino capitalism}'라고 규정하며, 유명인과 인플루언서들이 투기 열풍을 부추기고 사기성 프로젝트를 홍보하는 현실을 비판했다. 그의 시각에서 암호 화폐는 기술이 아니라 대중의 탐욕과 불안이 만들어 낸 거대한 착시다.

이처럼 암호 화폐 비판자들은 서로 다른 배경과 논리를 가지고 있지만, 그들의 주장에는 공통된 핵심이 있다. 첫째, 비트코인에는 내재 가치가 없다는 점이다. 기업처럼 수익을 창출하지 않고, 금처럼 물리적 자산 가치도 없기 때문에 결국 가격은 '사람들의 믿음'에만 의존한다는 것이다. 둘째, 투기적 구조와 심리적 취약성이다. 비트코인 가격은 실제 수요보다는 '놓치면 손해'라는 군중 심리에 의해 움직이기 때문에, 거품이 꺼질 경우 피해는 개인 투자자에게 집중된다는 주장이다. 셋째, 시장 조작과 불법 위험성이다. 거래소 조작, 내부자 거래, 자금 세탁 등 불투명한 구조가 여전히 존재하며, 제도적 보호 장치가 미비하다는 점을 비판한다.

거품은 두 가지 속성을 갖는다. 하나는 공기만 불어 넣으면 한없이 부풀어 오른다는 점이다. 다른 하나는 언젠가 구멍이 나서 순식간에 바람이 빠진다는 것이다. 킨들버거는 그의 저서 『광기, 패닉 붕괴: 금융위기의 역사』에서 거품이 형성되고 붕괴되는 과정을 광기와 패닉이라고 했다. 거품은 상황을 낙관하는 투자자들이 군중 심리에 편승해서 자산을 사는 과정에서 자산 가격이 폭등하며 생긴다. 하지만 붕괴는 공포에 휩싸인 투자자들이 자산을 일시에 팔고 빠져나가는 패닉을 일으켜서 자산 가격이 폭락하는 상황이다.

비트코인의 가격 상승을 예측하고 투자를 권유하는 모든 투자 어드바이스는 과거의 가격 추이에 근거한다. 이런 식이다. "과거 세 차례의 반감기에 가격이 200퍼센트 상승했으니 이번 반감기에도 200퍼센트 상승할 것이다." 마치 백미러에 의존해서 오토바이를 질주하는 것처럼 위험천만하다. 투자자들은 공급과 수요를 거론한다. 비트코인의 공급은 제한적인데 수요는 팽창하므로 가격은 오를 수밖에 없다고 한다. 공급은 2040년까지 총 2,100만 개로 정해져 있으며 2024년 현재까지 약 1,950만 개 정도가 발행되었다고 한다. 앞으로 매년 평균 10만 개 정도밖에 추가 공급되지 않는다. 반면에 수요는 비약적으로 증가한다고 주장한다. 그래서 가격은 오를 수밖에 없다는 주장이다

과연 그럴까? 공급은 기존의 이미 발행된 비트코인과 새로이 발행될 비트코인의 합이다.[55] 얼마나 많은 기존 비트코인 소유자들이 시장에 팔려고 내놓을 것인가가 결정적이다. 앞으로 비트코인 가격이 오를 거라고 예상하면 계속 비트코인을 소유할 것이고 공급은 적어진다. 반대로 앞으로 가격이 내릴 거라고 예상하면 비트코인을 팔려고 할 것이고 공급은 늘어날 것이다.

수요는 어떨까? 비트코인의 수요가 증가한다는 주장의 근거는 단 하나다. 사람들이 비트코인 가격이 더 오르기 전에 비트코인을 확보하려고 하기 때문이라는 설명이다. 이처럼 비트코인의 수요와 공급은 비트코인의 가격에 대한 기대에 전적으로 의존한다. 이를 정리하면 이렇다. '비트코인 가격이 오르는 것은 사람들이 비트코인 가격이 오를 것이라는 예상 때문이다.' 순환 논리의 궤변이다.

비트코인 분석에서 비트코인의 예상 가격의 근거를 제시한 걸 보았는가? 없다. 2030년 비트코인이 100만 달러 간다는 분석도 왜 비트코인이 오를까에 대해서 어떤 근거도 제시하지 않는다. 단지 비트코인의 공급은 제한되어 있는 반면에 수요는 크게 확대될 것이기 때문이라고 한다. 왜 기존 소유자는 계속 보유하고 새로운 구매자가 나오는지 설명하지 못한다. 단지 사람들이 비트코인 가격이 오를 것

을 예상해서 보유하고 산다는 것뿐이다. 이게 바로 거품이다. 그것도 터지면 아무것도 남지 않는 거품이다.

비트코인을 비롯한 현재의 암호 화폐에 대한 투기는 거품이 형성되는 전형적인 모습을 보이고 있다. 이러한 시장에서 가장 큰 수익을 보려면 샀다가 적당한 때 팔아 치우는 것이다. '맨 뒷사람이 개에 물린다The last buyer gets bitten by the dog'는 교훈만 실천하면 된다. 과연 본인이 맨 뒷사람이 안 된다는 확신을 가질 수 있을까? 이 비유의 뿌리는 'greater fool theory(더 큰 바보 이론)'에 있다. 이 이론에 따르면, 투기 시장에서 자산의 실제 가치보다 가격이 계속 오르는 이유는 투자자들이 그것을 '나보다 더 비싸게 사 줄 더 큰 바보가 있을 것'이라고 믿기 때문이다. 자기 자신이 그 바보가 아닌지 자문해 보아야 한다.

뱅크 런보다 위험한 코인 런

2022년 11월 6~8일. 단 72시간 동안 세계 2대 암호 화폐 거래소였던 FTX 거래소에서 약 60억 달러가 인출되었다.[56] 최초의 대규모 코인 런이 발생한 것이다. 이로 인한 FTX의 파산은 가상 자산 업계에서 가장 충격적인 붕괴 사건으로 기록되었다.

비트코인은 은행 예금처럼 누군가의 채무가 아니기 때문에 인출을 요구할 대상 자체가 없다. 따라서 전통적인 의미의 뱅크 런 같은 유동성 부족이나 지급 불능의 위험은 발생하지 않는다. 하지만 대규모의 사람들이 동시에 비트코인을 팔고 비트코인 네트워크를 떠나는 코인 런의 위험을 안고 있다. 인출이 아니라 탈출의 문제다. 은행의 건전성에 대한 의심이 생겼을 때 예금자들이 일시에 예금을 찾으려 몰려드는 뱅크 런과 구조적으로 매우 비슷하다. 두 경우 모두 '자산을 제때 돌려받지 못할지 모른다'는 불안감이 근본 원인이다. 공포가 빠르게 확산되고 유동성 위기가 현실화된다.

비트코인은 대량 매도로 가격이 폭락하는 가격 런price run, 거래소 출금 정지로 인한 유동성 런liquidity run, 그리고 기술적·정책적 충격으로 인한 신뢰 런confidence run에 노출되어 있다. 암호 화폐 시장에서 특정 거래소나 스테이블 코인, 혹은 디파이 서비스에 대한 신뢰가 급격히 무너지면서 이용자들이 보유한 코인을 한꺼번에 인출하거나 매도하는 현상이 전형적인 코인 런이다.

코인 런은 뱅크 런보다 더 위험하고 파괴적이다. 우선 은행 시스템에는 예금자 보호 제도나 중앙은행의 긴급 유동성 공급 같은 안전장치가 마련되어 있지만, 암호 화폐 시장에는 이러한 제도가 거의 없어 코인 런이 발생하면 피해가 그대로 사용자에게 전가되는 경우가 많다. 뱅크 런은 제도와 국가의 위기이지만, 코인 런은 개인 신뢰의 붕괴다. 따라서 은행은 국가가 지탱하지만, 암호 화폐 플랫폼은 오직 사용자 신뢰에 의해 유지된다. 그 신뢰가 무너지는 순간, 시장은 스스로 무너진다.

2026년 2월 초 미국 의회에서 열린 금융 관련 청문회에서 스콧 베센트 미국 재무부 장관은 "암호 화폐 시장에 대한 정부의 베일아웃bailout은 없다"는 입장을 공식적으로 밝혔다. 당시 비트코인과 주요 암호 화폐 가격이 크게 흔들리면서, 일부 의원들은 2008년 금융 위기 당시 은행권을 구제했던 사례를 언급하며 "만약 암호 화폐 시장이 급락하거나 대형 거래소가 붕괴할 경우, 정부가 개입하거나 구제할 수 있는가"라는 질문을 재무부 장관에게 집중적으로 제기했다. 이에 대해 그는 암호 화폐 시장은 전통적인 금융 시스템과 달리 정부가 공적 자금을 투입해 안정시켜야 할 공공 금융 인프라로 보지 않는다는 입장을 분명히 한 것이다. 이로 인해서 암호 화폐에 우호적인 트럼프 행정부 하에서도 코인 런 우려는 계속되고 있다.

2025년 10월 27일, 한국은행도[57] 코인 런을 스테이블 코인이 지닌 주요 위험 요인 중 하나로 지적했다. 스테이블 코인의 가치 안정성이 손상되어 '1코인=1법정 화폐 단위'라는 약속이 깨질 경우, 보유자들이 대량 환매를 시도할 수 있다고 예상했다. 스테이블 코인은 은행과 달리 예금자 보호 제도나 중앙은행의 최종 대부자lender of last resort 기능 같은 안전망이 부재하다고 보고, 따라서 신뢰가 떨어졌을 때 리스크가 더 커질 수 있다고 경고했다.

더불어 은행은 전통적인 대출 자산에 기반한 구조를 가지고 있는 반면, 암호 화폐 거래소나 디파이 서비스는 암호 화폐 담보 기반 대출, 스테이블 코인 준비금 등 디지털 자산 중심의 구조를 가지고 있어 담보 가치가 급락하는 순간 곧바로 부실이 나타나 붕괴 속도가 더욱 빨라지기도 한다. 여기에 SNS와 커뮤니티를 통한 정보 확산이 즉각적으로 이루어지면서 작은 루머도 대규모 인출로 이어질 수 있는 점 역시 코인 런을 더욱 취약하게 만드는 요소이다.

또한 블록체인의 '투명성'은 아이러니하게도 코인 런을 더 악화시키는 요인이 된다. 블록체인에서는 대규모 자금 이동이 실시간으로 공개되기 때문에, 투자자들은 특정 지갑에서 대량 인출이 발생하면 즉시 불안을 느끼고 자신도 자금을 빼내기 시작한다. 모두가 서로의 움직임을 실시간으로 관찰할 수 있는 시장에서는 '공포의 전염'이 순식간에 이루어진다. 정보가 투명한 만큼, 불안도 빠르게 퍼진다.

게다가 암호 화폐 시장은 복잡한 파생 상품과 자동 청산 메커니즘이 얽혀 있어, 코인 런이 시작되면 연쇄 청산이 일어난다. 담보 가치가 하락하면 추가 담보를 넣지 못한 투자자의 자산이 강제로 매도되고, 그 매도가 또 다른 하락을 부른다. 인간의 개입 없이 코드가 자동으로 실행되기 때문에, 시장은 순식간에 붕괴한다.

'넘사벽' 중앙은행 디지털 화폐CBDC

전 세계 중앙은행들은 통화량과 금리를 조절해서 물가 안정과 완전 고용을 달성할 의무가 있다. 만일 민간이 암호 화폐를 마구잡

이로 발행한다면 중앙은행은 통화·금융 정책을 온전하게 시행할 수 없게 된다. 따라서 중앙은행은 민간의 암호 화폐의 등장과 확산을 방조할 수 없다. 그렇다고 다짜고짜 암호 화폐 발행과 유통을 막을 처지도 아니다. 왜냐하면 비트코인을 비롯한 암호 화폐는 새로운 지급 방식의 기술적 발전을 보여 주었고, 중앙은행도 디지털 경제 시대를 맞아 새로운 변화와 요구에 응하지 않을 수 없기 때문이다.

비트코인은 직접적으로 통화 공급자인 중앙은행에게, 그리고 은행을 비롯한 기존 금융 기관들에게 심각한 고민과 큰 충격을 주었다. 국가가 가치를 보장하지도 않고 중앙 관리자도 없는 비트코인이 신뢰를 얻어 사람들이 보유하고 사용하는 현실은 상상할 수도 없었다. 암호 화폐를 통한 해외 송금의 용이성은 중앙은행과 금융계가 모두 고민해야 할 과제를 남겼다. 그리고 비트코인이 활용하는 블록체인 기술도 정보의 익명성과 보안성이라는 측면에서 기존의 시스템보다 탁월하다는 점을 보여 주었다.

중앙은행은 디지털 화폐의 발행을 숙고하지 않을 수 없게 되었다. 사실 디지털 화폐는 이미 중앙은행과 시중 은행들[58] 사이에서 거래를 청산하는 방법으로 활용되고 있다. 은행 예금이 대표적인 디지털 화폐다. 그렇다면 새로운 중앙은행의 디지털 화폐가 기존의 디지털 화폐와 다른 점은 무엇일까? 중앙은행이 블록체인 기반의 '탈중앙 집중식' 디지털 화폐를 발행하면, 기존의 은행 예금이라는 디지털 화폐와는 전혀 다른 형태의 디지털 화폐가 된다. 여기에서 어떤 방식으로 디지털 화폐를 발행할 것인지는 여러 가지 다양한 옵션이 있다. 암호 화폐를 탈중앙 집중식으로 할지, 중앙은행 집중식으로 할지, 아니면 중앙은행은 발행만 하고 실제 운용은 은행들이 할지는 선택의 문제다.[59·60]

중앙은행의 디지털 화폐가 민간의 암호 화폐와 같을 수 없는 제약 요인도 있다. 원래 암호 화폐는 P2P, 다시 말해서 당자자들 사이에서 직접 실시간 청산을 하기 때문에 중간에 은행이나 민간 발행자를 비롯한 제3자가 개입할 여지가 없다.[61] 탈중앙 집중식 분산 원장 방식은 익명성이 그 장점이다. 하지만 중앙은행이 디지털 화폐를 탈중앙화 방식으로 하기에는 전적으로 관리가 안 된다는 점에서 부담이 크다. 따라서 중앙은행이 개인 계좌를 일일이 관리하든지 아니면 발행만 하고 관리는 은행들에게 일임할 수도 있다. 이 경우에는 암호 화폐의 장점인 익명성은 보장받지 못한다.[62] 중앙은행이나 은행이 각 개인의 계좌를 실시간으로 훤히 들여다볼 수 있다. 개인의 프라이버시가 심각하게 훼손될 가능성이 있다.

주요 국가들은 중앙은행 디지털 화폐 발행에 있어서 신중한 입장을 보이고 있다. 2025년 미국은 아예 중앙은행의 CBDC 발행을 막는 입법을 했다. 반면에 중국은 가장 적극적이다. 중국은 2014년에 연구 그룹을 만들어 가능성을 검토하기 시작했고, 2017년에는 '디지털 화폐 연구소'로 개편해서 디지털 화폐 프로젝트를 진행시켰다. 중국은 민간의 암호 화폐가 사용되면 정부의 중앙 통제력을 상실한다는 점에 극도로 거부감을 갖는다. 그래서 민간의 암호 화폐 발행과 사용을 금지하면서 정부 당국이 적극적으로 암호 화폐 발행과 관리를 선도하고 있다.

CBDC는 전 세계적 관심 사항이어서 국제 금융 기구와 국제 경제 포럼에서도 활발하게 논의되는 중이다. 대체적으로 CBDC를 기존 통화 질서를 대체하는 급진적 실험으로 보기보다는, 현행 금융·통화 체계의 보완적 수단으로서 긍정적으로 평가하고 있다. 국제 통화 금융 체제를 총괄하는 IMF는 CBDC 도입에 있어서 통화 주권과 금융 안정성을 강조한다. CBDC가 설계에 따라 은행 예금 유출을 초래하거나, 금융 중개 기능을 약화시킬 수 있다는 점을 경고했다. 신흥국·개도국의 경우 CBDC가 금융 포용을 확대하고 결제 인프라를 개선할 수 있다고 보았다. FSB_{Financial Stability Board: 금융안정위원회}는 CBDC 도입에 있어서 금융 안정성이 흔들리지 않도록 리스크 완화 조치를 취하도록 권고한다. G20는 CBDC가 표준화되고 국가 간 조화된다면 국경 간 결제_{cross-border payments}와 국제 송금을 개선할 수 있다고 본다.

그런데 최근 미국의 반CBDC 정책으로 국제적 논의도 수면 밑으로 가라앉았다. 국제적 CBDC 논의는 추동력이 약화되었고 주요 국들은 각자도생하는 추세다. 중국은 민간 암호 화폐를 금지하는 대신 CBDC를 추진 중이다. 다수의 대도시에서 시범 사용이 이뤄졌고, 교통·공공 요금 등 실생활 영역으로 확장되었다. 중국의 CBDC

는 장기적으로는 위안화 국제화의 포석이다. 러시아는 중국과 함께 달러 결제망을 통한 금융 제재 리스크를 완화하는 차원에서 CBDC 도입에 적극적이다. 그리고 인도, 브라질, 나이지리아 등은 금융 포용과 결제 인프라 개선을 목적으로 CBDC를 적극적으로 실험 중이다. 하지만 우리나라를 비롯한 일본, EU 등 대다수 국가들은 신중한 입장이다.

과연 CBDC가 나오면 비트코인을 비롯한 암호 화폐들은 어떤 영향을 받을 것인가? 중앙은행의 디지털 화폐가 당장 비트코인이 제기한 문제들에 대한 완전한 해결책이 되기는 어렵다. 앞에서 언급했듯이 CBDC가 탈중앙 집중식이 되지 않을 경우 익명성이나 개인 정보 보호 측면에서 더 후퇴하게 된다. 이 경우에 민간의 암호 화폐는 비밀성이라는 날개를 달고 더 확산될 것이다. 그렇다고 탈중앙 집중식으로 하자니, 자금 세탁, 탈법, 탈세, 불법 송금 등 수많은 골칫거리가 생긴다. CBDC 발행에 있어서 중앙은행이 딜레마에 빠지지 않을 수 없는 이유다.

CBDC가 현실화되는 경우에 가장 큰 타격을 받게 되는 것은 스테이블 코인이다. 은행과 빅테크들은 중앙은행만큼의 확실한 신뢰도를 제공할 수 없기 때문에 민간 스테이블 코인은 CBDC에게 밀릴 가능성이 높다. 특히 애플이나 삼성과 같은 프론트엔드_{front end}가 블록체인 기반의 지갑을 제공하고 결제 시스템과 응용 앱을 제공하면, CBDC가 사용 통화로 채택될 가능성이 높다.

오랜 화폐 진화의 역사에서 보듯이 화폐의 혁신은 민간 부문에서 탄생했지만 결국에 가서는 국가가 신기술을 가로채서 사용했다. 민간 주화가 먼저 나오고 오랜 후인 기원전 7세기에 리디아 국왕이 주화를 도입했다. 중국에서도 상인들이 비화(일종의 어음)라는 종이 기록을 사용하기 시작했고 후에 황제가 지폐 발행권을 탈취했다. 스테이블 코인의 기술은 결국 통화 당국의 CBDC에서 활용되고, 스테이블 코인의 실험 결과는 CBDC 발행에 참고될 것이다. 최근 미국 트럼프 행정부의 반CBDC 정책에서 보듯이 스테이블 코인의 운명은 전적으로 국가 정책에 달려 있다.

독점과 손실, 내재된 부조리

비트코인 블록체인에서 새로운 블록을 만들 권한은 해시 퍼즐을 가장 빨리 푸는 사람이다. '해시 퍼즐을 푼다'는 의미는 주어진 조건에 맞는 해시 값을 찾는 것인데, 해시 값은 16진수(0~9, a~f)의 64자리 숫자다. 따라서 16^{64}개의 값 가운데 하나를 찾는 작업이다. 주어지는 조건은 앞자리에 0이 몇 개 들어가도록 요구한다. 이 해시 값을 찾아내는 능력은 속도의 문제이고 속도를 결정하는 것은 사람의 계산 능력이 아니다. 오로지 컴퓨터의 하드웨어가 강력할수록(해시 파워라고 한다) 새로운 블록을 만들 권한을 획득할 가능성이 커진다.

어느 특정 그룹이 연합해서 강력한 해시 파워를 만들어 지속적으로 블록을 만들 권한을 차지하면 이 집단이 임의적으로 자신에게 유리하게 블록을 구성하고 시스템을 조작할 위험이 있다. 한 개인이나 집단이 전체 해시 파워의 50퍼센트를 초과해서 차지하면 가능한 이러한 조작을 '51퍼센트 공격'이라고 한다.[63·64] 51퍼센트 공격은 작업 증명 방식의 비트코인이나 이더리움(과거 PoW 시절)처럼 다수결 기반의 합의 방식을 사용하는 블록체인에서 등장하는 개념이다. 이 공격이 성공하면 공격자는 네트워크의 정상적인 합의 과정을 무력화시키고 입맛에 맞는 특정 거래를 승인하거나, 기존 정상적인 거래를 무효화하거나 또는 자신이 전송한 코인을 다시 되돌려서 이중 지불을 할 수도 있다.

비트코인이 대형 채굴업자들에 의해 독점적으로 채굴된다면 이러한 위험성이 커진다. 과거에 개인들이 개인 컴퓨터로 채굴하던 시절도 있었지만 지금은 전문적인 기업의 전문화된 고가의 컴퓨터에 의해서만 채굴이 가능하다. 실제로 최근 들어서 비트코인 시스템은 이미 51퍼센트 공격이 가능할 정도로 소수의 채굴자들에 의해 독점되고 있다. 2024년 8월, Foundary USA[65]와 Antpool 두 기업이 전체 해시 파워의 56.7퍼센트를 차지했다. 이 두 회사와 함께 전통적으로 강한 채굴 기업인 F2pool의 해시 파워를 합하면 그 비중은 더욱 높아진다.

MIT의 크립토그래피 연구자 닐스 펠드하우젠은 "비트코인의 보안성은 완벽하지 않으며, 채굴 집중화가 결국 탈중앙화 이상과 충돌한다"고 말한다. 현실에서는 채굴이 거대한 전문화된 장비, 대규모 데이터 센터, 엄청난 전기 소모를 필요로 하면서 점차 소수의 사업자가 채굴 해시 파워의 대부분을 점유하는 구조로 변했다. 펠드하우젠은 이러한 구조를 '비트코인이 의도한 탈중앙화 철학의 붕괴'로 해석한다. 비트코인은 원래 전 세계의 개인이 누구나 소규모 컴퓨터로 참여할 수 있는 구조를 상상했지만, 현실은 그 반대 방향으로 흘러간 것이다.

사토시 나카모토도 '51퍼센트 공격'이 기술적으로 가능하다는 걸 스스로 인정했다. 다만 51퍼센트 채굴력을 소유한 사람이나 회사는 51퍼센트 공격으로 비트코인 거래를 비정상적으로 만드는 것보다는 채굴력을 활용해서 비트코인을 획득하는 것이 훨씬 경제적으로 유리하므로 이러한 무모한 공격을 하지 않는다고 보았다. 몇 번의 이중 지불로 이득을 보기 위해서 기존의 채굴력을 포기하지 않을 거라는 설명이었다. 하지만 사람들이 늘 경제적이고 합리적으로만 행동하는 건 아니다. 더구나 비트코인 가격이 추락하는 경우에 채굴의 수익성이 사라지면 51퍼센트 공격이라는 비이성적인 행동도 배제할 수 없다.

한편 비트코인을 종종 잃어버리는 경우가 생긴다. 100달러 정도가 아니고 수십억 원을 잃어버린다. 비트코인을 분실한다는 것은 비트코인의 구조상 영구적으로 되돌릴 수 없는 손실을 의미한다. 비트코인은 은행 계좌처럼 비밀번호를 재설정하거나, 고객 센터를 통해 복구할 수 있는 장치가 없다. 오직 개인 키와 복구 구문만이 지갑에 접근할 수 있는 유일한 열쇠이기 때문에 이 정보를 잃어버리면 그 지갑에 담긴 비트코인은 세상에 존재하면서도 누구도 접근할 수 없는 상태가 된다. 결국 기록은 남아 있지만 실질적 가치는 사라진, 일종의 '디지털 유실 자산'이 되어 버리는 것이다.

개인 키를 저장한 컴퓨터나 휴대폰이 고장 나고 백업도 남아 있지 않은 경우, 오래된 하드웨어 지갑을 어디에 보관했는지 기억하지 못하는 경우, 실수로 잘못된 주소나 지원되지 않는 체인으로 전송한 경우, 거래소 계정 접근을 잃어버리고 복구 절차가 막힌 경우 등 일상적으로 벌어질 수 있는 많은 상황들이 비트코인 분실로 이어진다. 심지어 복구 정보를 다른 사람에게 전달하지 않고 소유자가 사망한 경우에도 코인은 영구 분실된 것으로 간주된다. 이 모든 경우의 공통점은, 한 번 접근을 잃으면 그 누구도 되돌릴 수 없다는 점이다.

그렇다면 지금까지 얼마나 많은 비트코인이 분실됐을까? 블록체인 네트워크에는 '이 비트코인이 분실되었다'는 표시가 존재하지 않기 때문에 정확한 수치를 알 수 없다. 다만 암호 키 분실·지갑 상실 등으로 영구적으로 접근이 불가능한 비트코인의 수는 약 230만 ~370만 개로 추정되며, 이는 전체 최대 발행량인 2,100만 개 기준으로 대략 11~18퍼센트 수준이다. 오랫동안 움직이지 않는 지갑들이 가지고 있는 코인까지 합하면 약 500만 개의 행방이 묘연한데, 이는 전체 비트코인의 약 20퍼센트에 해당하는 규모다.

가장 잘 알려진 분실 사례는 2013년 영국의 IT 엔지니어 제임스 하웰스의 이야기다. 취미 삼아 비트코인을 채굴했고 약 8,000BTC가 들어 있는 하드 디스크를 보관하고 있었다. 그러나 대수롭지 않게 여긴 나머지 오래된 서류를 버리던 중 이를 실수로 함께 폐기해 버렸다. 하드 디스크는 쓰레기 매립장 어딘가에 묻힌 채 수년이 흐르면서 사실상 복구 불능 상태가 되었다. 다른 사례도 있다. 캐나다의 거래소 QuadrigaCX의 창업자 제럴드 코튼은 주요 고객 자산이 보관된 콜드월렛의 암호 및 개인 키를 혼자 관리해 왔다. 그런데 2018년 그가 갑작스럽게 사망하면서 이 복구 정보는 누구에게도 전달되지 않았고, 고객 자산 상당량이 영구적으로 접근할 수 없는 상태가 되었다.

내가 잊고 있던 예금, 보험 등 금융 자산은 금융 전산망을 통해 몇 번의 클릭으로 되찾을 수 있는 시대다. 깜박하고 돌려받지 않은 과거 세금이나 연금도 마찬가지다. 그런데 비트코인은 한 번의 실수로 영원히 잃어버릴 수 있다는 건 큰 문제가 아닐 수 없다. 이런 분실은 정신머리 없는 개인의 실수에 국한되는 것이 아니다. 전문적으로 비트코인을 거래하는 거래소조차 피할 수 없다는 점에서 큰 충격이다. 비트코인의 경우에 '소유와 보관은 별도'라니, 정말로 잃어버리기 쉬운 위험한 화폐다.

양자 컴퓨터가 암호 화폐를 해킹할 수 있을까?

'양자 컴퓨터가 등장하면 암호 화폐가 무용지물이 되는가?'라는 질문을 둘러싸고 논쟁이 계속되고 있다. 일부는 양자 컴퓨터가 현재의 컴퓨터로는 불가능한 연산을 상상할 수 없는 속도로 처리할 수 있기 때문에 블록체인에 기반한 암호 화폐를 보호하는 안전 장치(공개 키와 개인 키)를 풀어 낼 수 있을 거라고 생각한다. 그러면 비트코인을 비롯한 암호 화폐들은 탈취될 위험에 직면하게 될 것이다.

비트코인을 비롯한 모든 암호 화폐는 개인 키와 공개 키를 기반으로 한 암호 알고리즘을 이용해 지갑 주소를 만들고 거래를 검증한다. 현재의 컴퓨터로는 공개 키로부터 개인 키를 역추적하는 데 사실상 우주의 나이보다 긴 시간이 걸리기 때문에, 누구도 개인 키를 알아내서 서명할 수 없다고 한다. 그러나 양자 컴퓨터가 충분히 발전하게 되면, 지금까지 해킹이 불가능하다고 여겨지던 개인 키를 양자 컴퓨터가 계산해 낼 수 있다는 뜻이 된다.[66] 만약 개인 키가 생성될 수 있다면, 다른 사람의 지갑에서 비트코인을 탈취할 수 있게 된다.

이러한 위협은 단순한 개인 자산의 탈취를 넘어 암호 화폐 전체 생태계의 안정성을 흔드는 심각한 위협이 아닐 수 없다. 암호 화폐는 네트워크의 모든 참여자가 '암호가 안전하다'는 믿음을 공유할 때 비로소 작동하는데, 양자 컴퓨터가 그 기반을 흔드는 순간, 아니 흔들 가능성이 있다고 알려지는 순간 시스템 전체의 신뢰가 손상된다.

　과연 현재 양자 컴퓨터는 암호 화폐 해킹이 가능할까? 현재 존재하는 양자 컴퓨터들은 실험실 단계의 미약한 수준이어서 비트코인 암호 체계를 실제로 공격할 수 있을 만큼 안정적이고 용량이 큰 큐비트qubit[67]를 갖추지 못했다. 오늘날의 양자 기술은 오류율이 매우 높고, 큐비트가 일정 시간 이상 유지되지 못하는 등 근본적 한계가 많다. 다시 말해, 현 시점에서는 양자 컴퓨터가 암호 화폐를 직접 위협할 만큼 발달했다고 보기는 어렵다. 한마디로 이론적으로는 가능하지만 현실적으로는 아직 상당한 거리가 있는 위험이다.

　예를 들어서, 2025년 구글의 양자 컴퓨터 '윌로우 칩'은 기존 컴퓨터로 10자년(10의 25제곱 년) 걸리는 계산을 5분 만에 해치웠다고 한다. 이때 사용된 큐비트의 개수는 105개였다. 그런데 비트코인의 개인 키를 푸는데는 약 500큐비트가 필요하고, 안정적으로 비트코인 네트워크를 해킹하려면 수백만 큐비트가 필요하다고 한다. 따라서 현재의 양자 컴퓨터 기술로는 비트코인 암호 체계를 무너뜨릴 수 없다.

　그렇다면 언제쯤 가능해질까? 전문가들의 견해는 크게 세 가지로 나뉜다. 일부는 기술 발전 속도가 가속되고 있는 만큼, 10~20년 안에 충분한 규모의 양자 컴퓨터가 등장할 가능성을 배제할 수 없다고 본다. 그러나 암호 학자와 양자 공학 연구자들 다수는 보다 신중한 입장을 취하며, 암호 체계를 직접 무너뜨릴 정도의 양자 컴퓨터를 만드는 데는 수십 년 이상이 필요할 것이라고 예상한다. 많은 전문가들은 "2050년 이전에 실현되기는 쉽지 않다"는 전망을 내놓는다. 반면 이런 전망조차 지나치게 장밋빛이며, 기술적 난제의 규모를 고려하면 사실상 실현 가능성이 낮다는 회의론도 존재한다. 이런 관점에서는 '양자 컴퓨터가 암호 화폐를 직접 붕괴시킬 것'이라는 가정 자체가 과도하게 단순화된 공포라고 본다.

양자 컴퓨터의 발전은 서명 해킹을 통한 비트코인 탈취뿐만 아니라 채굴에 있어서 우월성을 가진 양자 컴퓨터가 출현할 수 있다는 것을 의미한다. 양자 컴퓨터는 무차별 대입을 제곱근 속도로 빨라지게 하므로 채굴 역량을 배가시킨다. 다시 말해서 고정 컴퓨터가 1012번 시도할 연산을 106번의 시도로 연산을 끝낼 수 있다. 작업 증명 방식이 양자 컴퓨터의 등장만으로 즉각 붕괴하지는 않겠지만 '양자 컴퓨터를 갖춘 채굴자'가 절대적 우위를 점할 수 있다.

미래에 양자 컴퓨터가 발전하더라도 이것이 곧 블록체인의 해체를 의미하지는 않는다. 현재의 암호 키 서명 방식을 대체하는 새로운 방식이 이미 기술적으로는 개발된 상태다.[68] 그리고 궁극적으로는 양자 내성 암호Post-Quantum Cryptography 기술로의 전환이 논의될 것이다. 물론 완전한 전환에는 시간이 필요하다. 따라서 양자 컴퓨터의 발전에 대한 대응은 기술의 문제가 아니고 네트워크 구성원들이 비용과 일정을 어떻게 합의할지의 문제다.

그럼에도 불구하고 양자 컴퓨터가 완전히 무의미한 공포라고 말할 수는 없다. 가장 큰 위험은 기술 그 자체보다 전환기의 혼란이다.

만약 어느 날 갑자기 특정 국가나 기관이 강력한 양자 컴퓨터를 비밀리에 보유하게 된다면, 공개 키가 노출된 오래된 지갑이 공격받을 가능성은 존재한다. 그리고 더 무서운 것은, 이 지갑에서 비트코인이 움직일 때 아무도 이 이동이 원래의 주인에 의한 이동인지 해킹에 의한 이동인지 구별하기 어렵다는 사실이다.

6막 끝을 보다

무엇을 신뢰할 것인가

비트코인은
"무엇을 믿을 것인가"라는
근원적 질문을 던진다.
그리고 비트코인의 대답은 명확하다.
"사람들이 만든 권력이 아니라
누구도 변형할 수 없는
코드를 신뢰하라."

하지만
강철 같은 규칙은
흔들리는 권력보다
위험하다.

비트코인이 던진 질문

무엇을 신뢰할 것인가

어느 시대, 어느 곳에서나 소규모 사람들이 토큰을 만들어서 내부적으로 화폐처럼 사용하곤 했다. 이런 종류의 화폐는 새로운 현상은 아니다. 소셜 화폐social currency가 소규모 공동체에서 사용된 것은 100년이 넘었고 20세기 초에 정점을 찍고 열기가 식었다. 그런데 최근 암호 화폐라는 타이틀을 달고 다시 세간의 관심을 모은 것이다. 관심의 이유는 그 기술적 신선함도 있지만 그보다 중요한 건 기존의 화폐와 금융 시스템에 대한 흔들린 신뢰였다.

비트코인이 나온 시점이 2008년 글로벌 금융 위기 즈음이라는 것은 결코 우연이 아니었다. 비트코인의 발명자는 사람들의 반정부,

반중앙은행 정서를 전략적으로 파고들었다. 글로벌 금융 위기를 일으킨 '글로벌 금융 기관들', 그 과정에서 금융 시장을 잘못 관리한 '중앙은행들' 그리고 금융 위기가 터지자 돈을 찍어서 금융 기관들을 살려 준 '정부'에 대한 반감이 팽배한 시기를 택해서 비트코인을 내놓았다.

당시 글로벌 금융 위기 국면에서 중앙은행들은 양적 완화·제로 금리 정책을 장기간 유지했다. 그리고 위기를 조장하고 책임을 져야 할 금융 기관들을 공적 자금으로 구제했다. 사람들은 "돈의 희소성과 가격(금리)이 정치 집단이나 관료들의 이해에 따라 임의적으로 바뀐다"며 불만을 쏟아 냈다. 풀린 돈 때문에 인플레이션이 저축자의 실질 구매력을 갉아먹는다는 불만이 고조되었다.

비트코인은 이러한 빈틈을 교묘하게 파고들었다. 비트코인은 총 발행량 2,100만 개로 한정되고, 4년마다 발행이 줄어드는 반감기를 갖는다. 그리고 누구의 승인도 필요 없는 P2P 정산이라는 장점을 내세우며 '정치로부터 독립적이고 안정된 화폐'를 표방했다. 중앙은행이 마음대로 발행하는 기존의 화폐와 달리 '변경 불가능한 코드에 의해 발행된 화폐'라는 점이 세간의 주목을 받았다.

물론 비트코인 열풍 그 전부를 잘못된 통화 정책으로만 돌릴 수는 없다. 이미 사이퍼펑크, 리버테리언, 골드버그 같은 집단은 국가·은행 시스템에 의존하지 않는 화폐를 오랫동안 꿈꿔 왔지만, 그 당시에는 기술적으로나 제도적으로 실현이 어려웠다. 그러나 최근에는 컴퓨터 보급, 정보 통신망의 확산, 블록체인 기술의 발전 등으로 비트코인이 출현할 수 있는 여건이 성숙되었다. 그럼에도 암호 화폐를 쏘아 올린 불쏘시개는 단연코 기존 화폐에 대한 불신이었음은 분명하다. 비트코인은 그 불신에 반해서 '불변하는 공급, 탈중앙화, 자기 보관'이라는 장점과 함께, 당시로서는 생소한 '블록체인'이라는 신기술의 신비로 포장되어 미래의 화폐로 인식되었다.

비트코인을 비롯한 암호 화폐가 널리 퍼지기 시작하면, 한 국가의 경제는 여러 가지 문제들을 마주하게 된다. 가장 심각하고 근본적인 것은 국가의 통화 주권이 흔들리는 문제다. 모든 국가 경제는 중앙은행이 금리와 통화를 조절해서 원활한 경제 활동을 보장하고 위기 상황에 대응하는 구조를 갖고 있다. 그러나 발행량을 누구도 조정할 수 없는 비트코인 같은 암호 화폐가 광범위하게 사용되면, 국가는 경기와 인플레이션를 조절하는 기본적인 통화 금융 정책을 수행하기 어렵게 된다. 결국 경제의 안정 장치가 약화되고, 위기 상황에 빠르게 대응할 수 없게 된다.

암호 화폐가 광범위하게 유통되기 전이라도 암호 화폐는 범죄와 관련되어 심각한 문제를 발생시킨다. 암호 화폐는 익명성이 보장되고 추적이 어려워서 자금 세탁, 탈세, 랜섬웨어, 불법 자금 이동에 악용된다. 물론 암호 화폐 자체가 범죄 도구라는 뜻은 아니지만, 국가가 통제·추적하기 어려운 특징 때문에 범죄를 유발할 소지가 높다. 이와 함께 비트코인 채굴처럼 막대한 전력(연간 100~200 TWh)을 요구하는 방식은 환경적 부담을 증가시키고[69], 전력 부족 문제를 더 심각하게 만든다.

따라서 국가로서는 암호 화폐의 확산을 마냥 바라보고만 있을 수는 없다. 암호 화폐를 규제하거나 금지하는 일은 기술적으로 불가능해 보이지만, 실제로는 국가가 가진 권한을 통해 충분히 가능하다. 암호 화폐 네트워크 자체는 인터넷 위에서 분산되어 존재하기 때문에 직접 폐쇄할 수 없지만, 사람들이 암호 화폐를 사용하기 위해 반드시 거쳐야 하는 연결 지점(거래소, 은행 계좌, 휴대 전화 등)을 통제함으로써 규제가 가능해지는 것이다.

가장 현실적인 방법은 은행과 금융 기관을 통한 차단이다. 국가는 은행이 암호 화폐 거래소와 계좌를 연결하지 못하도록 규제할 수 있다. 실제로 여러 나라가 이 방식을 사용했다. 은행 계좌가 막힌 거래소는 돈을 입출금할 수 없기 때문에 정상적인 운영이 불가능해지고, 사람들은 코인을 법정 화폐로 바꾸는 기본적인 통로를 잃게 된다. 이것은 암호 화폐 생태계를 뿌리부터 흔드는 조치다. 암호 화폐 자체를 인터넷에서 완전히 제거하는 것은 불가능해도, 사람들이 암호 화폐를 사고on ramp, 팔고off ramp, 보관하고custody, 사용하는 통로를 차단하는 방식으로 국가의 규제는 충분히 작동할 수 있다.

하지만 이러한 국가의 규제가 일시적으로 암호 화폐의 확산을 막을 수는 있지만 근본적인 처방은 아니다. 그 한 예로 중국이 비트코인 채굴을 불법화하고 거래소를 폐쇄시켰지만, 비트코인 채굴업자들과 거래소들은 해외로 나가서 여전히 활동하고 있다. 그리고 전체 인구의 약 5퍼센트 내외인 7,800만 명의 중국인들이 P2P, VPNvirtual Private network, OTCover-the-counter 브로커 등을 통해서 가상 자산 거래를 하고 보유하고 있다고 한다.

비트코인은 기존의 금융 시스템을 향해 가장 근본적인 질문을 던진다. '우리는 무엇을 신뢰해야 하는가?'라는. 아직도 대다수 사람들은 은행이 본인의 계좌에 입금된 돈을 지켜 줄 것이라 믿고, 정부가 그 돈의 가치를 안정적으로 유지할 것이라 믿는다. 두 차례의 세계 대전으로 인한 혼란, 변동 환율 제도로의 이행, 금환 본위 제도의 폐기, 1970~1980년대의 초인플레이션, 2008년 글로벌 금융 위기처럼 금융 시스템에 대한 신뢰가 무너질 듯한 위기도 있었지만 그때마다 신뢰는 다시 회복되었다. 그리고 이 신뢰는 오래 지속되어 당연한 것으로 여겨졌지만, 비트코인이 등장한 순간 다시 신뢰는 다른 종류의 도전을 받고 있다.

사토시를 비롯한 암호 화폐 옹호론자들은 기존의 통화 금융 제도 대신에 '코드와 규칙'이라는 새로운 방식의 신뢰 모델을 제시했다. 중앙은행의 판단이 아니라, 암호학·수학·합의 알고리즘이 정한 절대적인 규칙을 믿으라고 한다. 그래서 누구도 기록을 조작할 수 없고, 누구도 발행량을 임의로 늘릴 수 없으며, 누구도 개인의 거래를 차단시킬 수 없다고 한다.

하지만 과연 어떤 상황에서도 흔들리지 않는 규칙과 코드는 바람직할까? 상황에 따라 규칙은 변하는 게 당연하다. 규칙을 바꾸지 않고 원래의 규칙만을 고집하면 오히려 문제가 심각해지고 결국 폭망의 길로 접어든다. 규칙도 변화하는 상황에 맞게 변해야 한다. 문제는 얼마나 공정하고 적절하게 규칙을 변화할 것인가 하는 것이다. 공급이 고정된 화폐보다는 경제 상황을 적절하게 반영하여 신축적으로 공급할 수 있는 화폐가 더 바람직하다는 건 너무나 당연하다.

오래전부터 국가의 독점적 화폐 권한을 인정하느냐 아니면 민간의 화폐 발행을 허용해야 하느냐의 논쟁이 뜨거웠다. 사회 계약 이론을 설파한 토마스 홉스는 "국가의 통제는 질서를 유지하고 경쟁적이거나 상충하는 통화로 인한 혼란을 피하려는 국가의 책무 가운데 하나다"라고 보았다. 존 로크도 "통화에 대한 국가의 통제는 대중에게 안정적인 교환 수단을 제공함으로써 재산권을 보호하고 경제 활동과 부의 보존을 가능케 한다는 점에서 정당화된다"고 했다. 반대로 오스트리아 경제학자이자 정치 철학자인 하이에크는 "통화 영역에서의 경쟁은 인플레이션을 피하고 통화의 안정성을 제고하며 경제적 자유를 촉진하기 위해 필수적이다"라면서 민간의 통화 발행을 옹호했다.[70] 국가의 통화 관리에 대한 국민 신뢰를 회복하는 것이 암호 화폐로 인한 혼란을 수습하는 해법이다.

비트코인 투기는 법정 화폐가 이미 제 기능을 상실했거나, 국민에게 불리하게 작동하고 있는 경우에 기승을 부린다. 글로벌 차원에서 기축 통화인 달러가 흔들리면 비트코인 투기가 확산된다. 국가별로도 자국 화폐 가치가 흔들릴수록 비트코인의 존재감이 커진다. 비트코인은 법정 화폐의 한계와 위험을 끊임없이 드러내는 외부 압력으로 작동하고 있다. 비트코인은 법정 화폐를 대체하지는 못하지만, 법정 화폐가 더 책임 있게 운영되도록 만드는 존재다. 통화 당국, 국가 그리고 국제 통화 기구들은 신뢰를 누가, 어떤 방식으로 관리할 것인가를 둘러싼 경쟁이 이미 진행 중임을 인식해야 한다.

안전하고 편리한 화폐

비트코인의 확산을 막는 가장 근본적인 방법은 법정 화폐의 가치를 안정시키고 거래의 편리성을 높이는 것이다. 각국 정부와 중앙은행은 법정 화폐에 대한 신뢰를 회복하는 것이 가장 중요하다. 2008년 글로벌 금융 위기와 2021년 코로나 팬데믹을 극복하는 과정에서 법정 화폐의 관리가 느슨해지고 금리가 제로 수준까지 내려갔다. 양적 완화 정책으로 시중에 풀린 화폐와 낮은 금리는 인플레이션을 초래하고 화폐 가치의 하락을 초래하고 있다. 이는 중앙은행과 금융권에 대한 불신을 만들고 법정 화폐의 기반을 무너뜨린다.

그리고 화폐의 가치를 안정화시키는 노력과 함께 법정 화폐가 편리하게 사용될 수 있는 기술적 혁신도 진행해야 한다. 인터넷 중심의 거래에서 예금 화폐는 암호 화폐에 비해서 많이 불편하다. 국경을 넘나드는 상품과 용역 거래에서 법정 화폐는 환전과 청산이 복잡할 수밖에 없다. 통화 당국은 현재의 금융 시스템의 결점을 보완하고 금융 혁신을 지원할 수 있는 방법을 찾아야 한다. 새로운 디지털 경제의 확산을 고려할 때 중앙은행 디지털 화폐도 조만간 채택하지 않을 수 없다.

현재의 혼란이 단순히 기술적 진보 때문이라면, 중앙은행이 암호 화폐를 발행하고 유통시키면 해결될 수 있을 것이다. 실제로 일부 개도국들은 중앙은행 디지털 화폐를 발행하거나 비트코인을 법정 화폐로 채택해서 문제를 해결하려고 시도했다. 하지만 엘살바도르, 우루과이, 베네수엘라, 아르헨티나, 튀르키예 등의 암호 화폐 실험들은 별다른 성과를 거두지 못하고 있다. 금융 통화 시스템을 안정시키는 길은 법정 화폐에 대한 신뢰 회복에서부터 시작해야 한다.

비트코인에 대한 환상을 만든 장본인은 정부다. 따라서 그런 환상을 극복하는 주체도 정부일 수밖에 없다. 지금이라도 정부는 절제 있는 통화 정책으로 인플레이션을 관리해서 암호 화폐의 선동을 잠재울 수 있다. 건강하고 신뢰할 수 있는 화폐를 만드는 것이 정부가 할 일이다. 하지만 현재 각국 정부들은 암호 화폐 광풍 앞에서 갈팡질팡하고 있다. 초기에는 대체로 방관하다가 암호 화폐의 투기 과열을 목도하고는 규제하는 입장으로 선회했다. 그리고 이제는 암호 화폐가 디지털 경제의 대세인 양 오히려 암호 화폐를 조장하는 분위기다.

미국 트럼프 행정부는 비트코인을 비롯한 암호 화폐, 특히 스테이블 코인을 정책적으로 장려하는 정책을 채택하고 있다. 미국 국채를 스테이블 코인의 담보로 의무화함으로써 미국 국채 수요를 확대하여 국채를 추가 발행할 때 국채 금리가 폭등하지 않도록 하겠다는 의도를 노골적으로 밝히고 있다. 달러 스테이블 코인 발행을 유도해서 세계적으로 유통시킴으로써 달러 패권을 계속 유지하려는 미국의 이해와 맞아떨어지기 때문이다.

글로벌 민간 투자 은행들도 비트코인과 암호 화폐를 금융 상품화했다. 특히 암호 화폐 현물 ETF의 승인은 일반 투자자들이 손쉽게 암호 화폐에 투자할 수 있게 했다. 이러한 암호 화폐의 기존 금융권 진입은 암호 화폐에 대한 수요를 크게 확대시켜서 막대한 자금이 암호 화폐 시장으로 흘러갔다.

월가는 수익을 추구하는 집단이고, 그들은 '돈이 되는 것'이라면 가능한 한 빠르게 상품화한다. 암호 화폐에 돈이 모이자, 월가는 즉시 이를 상품화했다. 월가의 금융 기관들은 상품의 구조와 위험을 누구보다 잘 알지만, 대중 투자자들은 이를 충분히 이해하지 못한 채 투자 결정을 내릴 가능성이 크다. 그리고 비트코인 ETF를 사는 것으로 불법과 탈법의 화폐를 사실상 지원하게 된다. 금융 기관이 수익을 위해 상품을 만드는 것은 자연스러운 일이지만, 그 상품이 대중에게 과도한 위험을 전가하거나 금융 시스템에 부담을 준다면 분명히 사회적 책임이 따른다. 암호 화폐 역시 '돈이 된다'는 이유 하나만으로 무분별하게 상품화된 또 하나의 사례가 될 수 있다. 2008년 서브프라임 사태의 재판이 되지 않을까 두렵다.

정부와 금융 기관들이 비트코인을 비롯한 암호 화폐를 옹호하고 장려하는 것이 비트코인의 본질을 바꿀 수는 없다. 물론 정부와 금융 당국의 우호적인 정책은 암호 화폐 시장을 확대하고, 민간 금융 기관들의 취급은 유동성을 끌어들여서 암호 화폐의 명맥을 일시적으로 연장할 것이다. 하지만 시간이 흐르면 사람들은 점차 비트코인이나 암호 화폐에 대한 환상에서 벗어날 것이다. 비트코인은 더 이상 화폐도 아니고 디지털 금도 아니라는 사실을.

그리고 금융 당국도 인식할 것이다. 암호 화폐가 금융 당국의 금융 정책 효과성을 약화시켜서 본인들의 손발을 묶게 된다는 사실을. 스테이블 코인은 블록체인 상에서 법정 통화와 가치가 연동된 자산으로 결제 효율성과 국경 간 송금의 편리함을 제공하지만, 동시에 불투명한 준비금과 발행사의 신용 위험, 자금 세탁과 금융 안정 리스크를 추가적으로 잉태한다.

중앙은행은 원칙에 충실하고 절제 있는 통화 정책과 금융 감독 정책으로 화폐의 가치와 금융 시스템을 안정시켜야 한다. 고삐 풀린 유동성과 이로 인한 인플레이션 그리고 애매모호한 금융 감독의 태도가 비트코인과 암호 화폐 투기장을 조장했음을 직시해야 한다. 물론 중앙은행의 단독적인 판단과 책임은 아니다. 그 밑단에는 정부의 대규모 재정 지출과 재정 적자 문제가 긴밀하게 연결되어 있다.

화폐가 안정되려면 물가가 안정되고 금융 시스템이 안전해야 한다. 그런데 이 모든 건 건강하고 지속 가능한 국가 재정이 뒷받침되어야 가능하다. 아무리 독립적인 중앙은행이라도 국가 재정의 파산을 그저 손놓고 방치하는 건 불가능하다. 중앙은행이 직접 자금을 지원하거나 발권력을 동원해서 정부의 부채를 떠안아야 하는 상황에서는 안정된 물가와 안전한 화폐를 기대하기 어렵다. 금융과 화폐에 대한 신뢰는 정부의 재정에 대한 신뢰에 달려 있다.[71] 지금의 상황은 주요국들의 재정 균형에 대한 의구심이 커지고 있어서 비트코인이나 다른 암호 화폐의 버블을 키우는 건 아닐까?

비트코인 투기가
만드는 세상

엔비디아 주가 상승과는 다르다

어떤 사람들은 비트코인 투자가 주식·부동산 투자와 별반 다르지 않다고 생각한다. 그래서 비트코인에 대해서만 '버블, 버블' 하면서 유난을 떤다고 불만이 많다. 그들은 투기와 투자를 구별하는 뚜렷한 기준이 있지도 않다고 지적한다. 그리고 투기도 나름의 장점도 있는데 비트코인 투기만 너무 심하게 비판할 게 아니라는 입장이다. 비트코인 가격이 상승하면 비트코인에 대한 관심이 높아져서 블록체인 기술이나 응용 기술이 발전할 수 있다는 주장도 한다.

주식 시장에서의 심각한 버블은 대체로 기술 혁신이나 경제 팽창기에 일어난다. 1920년대 미국의 주식 붐, 1980년대 일본의 부동산·주식 버블, 2000년대 초 닷컴 버블은 모두 '새로운 산업이 세상을 바꾼다'는 낙관론이 투자 심리를 자극한 결과였다. 기업의 실적이나 수익 구조보다 '성장 스토리'가 가격을 끌어올렸고, 결국 현실이 그 기대를 따라가지 못하면서 거품은 꺼졌다. 그러나 이 과정에서 탄생한 기술과 기업 중 일부는 이후 산업의 기반이 되었다는 점에서, 주식 버블은 비록 과열이었지만 실물 경제 발전의 한 단계이기도 했다.

반면에 비트코인 버블은 실물 가치나 수익 창출에 대한 기대가 아닌 순전히 '가격 상승 기대'로 만들어졌다. 비트코인의 가치는 기업의 실적이나 생산 활동과 무관하며, 오로지 '누군가 더 비싸게 사줄 것이라는 믿음'에 의해 유지된다. 따라서 주식 버블이 실물 경제의 확장 속에서 발생한 기대의 과열이라면, 비트코인 버블은 근거 없는 신념의 과열에 가깝다. 가격 형성 구조에서도 차이가 크다. 주식은 배당, 자산 가치, 기업의 수익 전망 등 실질적 근거가 있어서 어느 정도 '적정 가치'라는 개념이 있다. 이와 다르게 비트코인은 현금 흐름이 없고, 그 자체로 이익을 창출하지 않는다. 시장 가격은 전적으로 수요와 공급, 그리고 군중 심리에 의해 결정된다.

비트코인 가격이 상승하면 경제가 활기를 얻는다는 주장도 있다. 비트코인 가격이 오르면 사람들이 부유해졌다고 느끼고 소비를 늘려 경제에 활력을 주기 때문이다. 이른바 '부의 효과wealth effect'다. 하지만 이 효과의 한계와 부작용이 뚜렷하다. 비트코인 투자자들은 점점 더 큰 기대와 신용에 의존하게 된다. 대출을 통해 비트코인 투자를 늘리고, 금융 기관 역시 위험 자산에 과도하게 노출된다. 이런 상승세는 근본적인 수익 기반이 없기 때문에 언젠가 반드시 멈추게 된다. 기대가 꺾이는 순간 과도한 부채와 함께 비트코인 가격은 급락하고, 사람들의 '부의 착각'은 순식간에 사라진다. 그때부터는 '역의 부의 효과'가 작동한다. 비트코인 가격 하락으로 자산이 줄어든 가계는 소비를 급격히 줄이고, 이는 경기 침체로 이어진다.

이런 붐 앤 버스트_{boom & bust} 패턴은 주식 시장에서도 반복되어 왔다. 실질적 이익이 뒷받침되지 않은 투기적 주가 상승은 끝내 금융 불안과 경기 급락으로 이어졌다. 이러한 버블에서 공통적으로 드러난 것은, '주가 상승이 곧 경제 호황'이라는 단순한 등식이 위험한 착각이라는 것이다. 주가가 실적 개선 없이 투기에 의해 오르는 것은 '부의 증가'가 아니라 '위험의 누적'이다. 단기적으로는 소비 심리를 자극할 수 있으나, 그 기초가 취약하기 때문에 장기적으로는 자원 배분의 왜곡, 부의 불평등 심화, 금융 시스템의 불안정, 그리고 거품 붕괴 이후의 심각한 경기 침체로 이어진다.

주식이나 비트코인이나 마찬가지로 투기로 인한 가격 상승은 생산성이 높거나 혁신적인 분야가 아니라 단기적인 인기나 유행에 따라서 돈이 몰린 결과다. 따라서 경제 전반의 효율성이 떨어지고 장기적인 성장 잠재력이 약화된다. 경제의 건전한 성장은 투기를 통한 자산 인플레이션이 아니라, 생산성 향상과 실질 소득 증가라는 튼튼한 기반 위에서만 지속될 수 있다.

비트코인 가격을 엔비디아 주가와 비교해 보자. 엔비디아가 1999년 1월 22일 상장할 당시 주가는 12달러였고, 2025년 12월 8일 주가는 185달러였다. 여기에 엔디비아 주식은 여섯 차례 주식 분할을 해서 상장 당시 1주는 지금의 480주에 해당한다. 따라서 엔비디아 주가는 1999년부터 현재까지 7,400배 상승했다. 1999년 상장 당시 100만 원을 투자해서 현재까지 보유하고 있다면 현재는 74억 자산가가 되었을 것이다. 엔비디아 주가도 2009년부터 2024년 말까지 1만 8,686배 오른 비트코인 가격처럼 버블이라고 할 수 있을까? 다소의 버블은 있지만 비트코인처럼 전부 다 버블은 아니라고 생각한다.

엔비디아의 주가는 생성형 AI 붐 속에서 데이터 센터용 GPU 판매가 폭발하며 올랐다. 클라우드 기업과 빅테크, 대형 연구 기관이 실제 장비와 시스템을 구입해 가고 이 구매는 곧바로 매출과 이익이 되었다. 그래서 엔비디아의 높은 주가를 두고 벌어지는 논쟁은 '얼마나 고평가인가'라는 밸류에이션의 범위를 두고 벌어진다. 비트코인은 다르다. 비트코인은 배당도 이자도 내지 않는 비현금 흐름 자산이다. 가격을 지지하는 건 통화 희소성, 저장 가치 서사, 채택 확대에 대한 기대 같은 무형의 요소들이다. 온체인 수수료나 네트워크 활동 같은 지표가 있긴 하지만, 그것이 기업의 이익으로 연결되지 못한다. 엔비디아의 주가는 실적이 바닥을 다지면서 상승한 반면에 비트코인의 가격은 기대가 사다리를 받쳐 주는 구조다.

정의롭지도 공정하지도 않다

암호 화폐 가격의 급등은 표면적으로는 새로운 기술 혁신과 금융 발전처럼 보이지만, 정의와 공정의 관점에서는 경제적 불공정과 불평등을 확대시킨다. 정의의 관점에서 볼 때 암호 화폐 시장은 기여에 따른 보상이라는 경제 정의와는 거리가 멀다. 암호 화폐 시장은 '노력과 생산'이 아니라 '시기와 운'이 부를 결정하는 구조이며, 정의로운 분배 질서가 아닌 투기의 게임으로 변질된 시장이다.

더욱이 암호 화폐 가격의 폭등은 실제 경제의 생산 활동과 연관이 없다. 대부분의 암호 화폐는 아직 실질적인 재화나 서비스를 생산하지 않으며, 가격 상승이 기업의 이익이나 개인의 효용 증가로 연결되지 않는다. 따라서 이익은 현실적 가치 창출의 결과가 아니라, 가격 상승 기대와 투기의 산물이다. 이런 부의 증식은 실물 경제에 기여하지 않으면서도 막대한 부를 몰아주는 것이기 때문에, 경제 정의의 원칙인 '기여에 상응하는 보상'을 훼손한다.

정의로운 경제 질서란 개인이 노력과 재능을 통해 성취한 결과가 사회적으로 인정받고, 그에 합당한 보상이 돌아가는 체계를 말한다. 그러나 투기가 지배하는 시장에서는 노력이나 실력이 아니라,

운과 정보, 자본 접근성이 부의 크기를 결정한다. 이런 환경에서 근면하게 일하거나 실제 가치를 창출하는 사람들은 상대적으로 불리해지고, '돈이 돈을 버는 구조' 속에서 상대적 박탈감을 느낀다. 결국 사람들은 '정당한 노력보다 투기가 더 빠른 길'이라는 왜곡된 신호를 학습하게 된다.

투기적 부의 집중은 공정성을 심각하게 해친다. 공정한 사회란 모든 구성원이 비슷한 출발선에서 경쟁하고, 그 결과가 제도적으로 보장된 규칙 안에서 평가되는 사회를 의미한다. 그러나 투기적 자산 시장에서는 자본을 가진 사람과 그렇지 않은 사람의 출발선이 현격히 다르다. 부동산 가격이 투기로 치솟을수록 젊은 세대나 무주택층은 기회조차 얻지 못하고, 노동과 절약의 가치는 상대적으로 무의미해진다. 이는 사회 구성원 간의 신뢰를 약화시키고, 제도적 공정성에 대한 믿음을 무너뜨린다.

비트코인 투기는 불평등을 심화시킨다. 비트코인은 발행량이 고정되어 있기 때문에 초기에 많이 보유한 사람이 이후에도 구조적으로 우월한 지위를 점할 가능성이 높다. 이미 비트코인 생태계에는 이른바 '고래'[72]라고 불리는 대규모 보유자들이 존재하며, 이들은 비트코인 시장에서 장기적으로 큰 영향력을 가진다. 또 초기 비트코인 보유자들은 대부분 기술적 이해도가 높거나 정보 접근성이 좋았던 사람들, 경제적으로 여유가 있어 위험 자산에 투기할 수 있었던 계층이 많았다. 이런 측면에서 보면 비트코인은 기존 자본주의가 가진

'먼저 아는 자, 먼저 가진 자가 먼저 이익을 본다'는 구조를 반복한다.

존 롤스는『정의론A Theory of Justice』에서 정의를 사회 제도의 최고의 덕목이라고 주장하며, 정의의 원칙으로 두 가지를 제시한다. 첫째, 자유의 원칙이다. 모든 사람은 가능한 한 폭넓은 기본적 자유를 동등하게 누려야 한다. 둘째, 차등의 원칙difference principle이다. 사회적·경제적 불평등은 허용될 수 있으나, 오직 그것이 사회의 가장 불리한 위치에 있는 사람들의 이익을 향상시킬 때만 정당화된다. 이 원칙을 암호 화폐 투기에 적용해 보면, 그 구조는 롤스적 정의의 기준을 충족하지 못한다.

암호 화폐 시장의 수익은 주로 초기 진입자나 대규모 자본을 가진 투자자에게 집중되고, 늦게 진입한 다수는 큰 비용을 감수해야 한다. 불평등은 사회의 약자나 하위 계층의 복지를 개선하는 방향으로 작동하지 않는다. 오히려 자본과 정보 접근성이 높은 계층의 부를 증폭시키고, 경제적 격차를 심화시킨다. 이런 구조는 차등의 원칙에 위배되며, 정의로운 불평등이 아니라 불의한 불평등으로 평가된다.

암호 화폐로 부를 축적한 사람들을 비난하는 건 잘못이라는 시각도 있다. 그들은 아무도 관심조차 주지 않던 시기에 암호 화폐의 가치를 알아보고 투자하는 리스크를 감수한 대가를 얻었을 뿐이기 때문이다. 남들보다 더 일찍 시대와 기술의 변화를 감지했을 뿐이라고. 암호 화폐 옹호론자들은 비트코인 시장은 오히려 공정하고 평등한 게임이 일어나는 시장이라고 주장한다. 비트코인의 규칙은 누구에게나 같다고 한다. 국가 지도자나 억만장자라 해서 더 많은 특권이 주어지지 않고, 개발자라고 해서 보상이나 권한을 갖는 것도 아니다.

2009년 비트코인 초기에는 누구나 노트북이나 데스크톱 컴퓨터만 있으면 채굴에 참여해서 비트코인으로 보상을 받을 수 있었다. 그리고 다른 암호 화폐와 달리 개발자나 초기 투자자들에 의한 사전 채굴도 없이 처음부터 모두 다 공정한 조건에서 채굴을 시작했다. 코인의 60퍼센트가 사전 채굴을 통해 내부자에게 배분된 이더리움과 큰 차이가 있다. 하지만 오늘날 채굴에는 고가의 장비와 전력이 필요해서 일반인은 채굴에 성공할 확률이 제로다. 그럼에도 비트코이너들은 여전히 '기회는 모두 다 같다'는 말로 비트코인이 공평하고 공정하다고 주장한다.

이러한 주장은 '한 개인이 재화를 정당하게 획득했고 자발적인 교환을 통해 이전 받았다면 그 결과로 생긴 불평등은 정의롭다고 본다'는 로버트 노직의 절차적 정의론의 관점이다. 그는 결과의 평등보다 절차의 정당성이 중요하다는 입장이다. 이러한 관점은 정의를 재분배의 문제가 아니라 소유권의 정당성 문제로 본다. 만약 개인이 자유롭게 비트코인 거래에 참여했고 강요나 사기 없이 이익을 얻었다면, 그 이익은 노직이 말하는 '정당한 소유'에 해당할 수 있다.[73]

하지만 비트코인 시장에서 정보는 투명하지 않으며, 일부 세력이 허위의 정보를 퍼뜨리고 인위적으로 조작한다면 정당하다고 할 수 없다. 암호 화폐 시장은 기회와 정보의 불균형이 극심한 불공정한 시장이다. 기술적 이해나 자본력이 부족한 일반 투자자들은 구조적으로 불리한 위치에 놓인다. 공정한 경쟁의 규칙이 무너진 시장에서는 '동등한 출발선'이 존재하지 않는다.

암호 화폐 투기와 가격 폭등은 사회적 가치관에도 왜곡된 신호를 보낸다. 단기간의 시세 차익이 '노력보다 더 빠른 성공의 길'로 비춰지면서, 성실한 노동과 생산적 투자보다 투기적 기회를 찾는 심리가 강화된다. 이는 사회의 도덕적 기반을 흔드는 문제다. 공정한 규칙 아래에서 일하고 성장하려는 다수의 동기를 약화시키고, '불로소득이 정당한 부'라는 인식을 확산시킨다. 이런 현상이 장기화되면 사회는 정의롭지 않은 부의 축적을 정상적인 일로 받아들이게 되고, 경제적 불평등뿐 아니라 도덕적 불평등까지 심화된다.

정의와 공정이 무너진 경제는 장기적으로 건강하게 성장하기 어렵다. 사람들이 더 이상 노동이나 생산을 통해 보상을 얻을 수 없다고 느끼면, 생산적 활동은 등한시되고 공동체적 연대도 약화된다. 결국 투기로 인한 소수의 횡재는 단기적으로는 부의 확대로 보일 수 있으나, 장기적으로는 사회의 정의와 공정성을 훼손하여 경제의 지속 가능성을 갉아먹는 결과를 초래한다.

자원 배분을 병들게 하는 암호 화폐 투기

암호 화폐 시장은 이제 더 이상 일부 기술 애호가들의 실험실이나 놀이터가 아니다. 주요 국가에서 투자자층이 급격히 늘고, 거래 규모는 전통 금융 시장 못지않은 수준으로 팽창했다. 그러나 시장이 커졌다고 해서 그것이 사회에 기여하는 방향으로 성장하고 있다고 보기는 어렵다. 오히려 지금의 암호 화폐 열풍은 경제 전체의 자원 배분을 왜곡시키고, 생산적 역량을 잠식하는 투기 경제의 전형을 보여 주고 있다.

문제의 핵심은 자본이 흘러가는 방향이다. 경제가 성장하려면 자본이 기술 혁신, 설비 투자, 신규 고용처럼 사회의 생산 능력을 높이는 영역으로 향해야 한다. 하지만 암호 화폐 시장에서 벌어지는 돈의 흐름은 다르다. 막대한 자금이 '새로운 가치 창출'이 아니라 단기 가격 변동에 베팅하는 방식으로 순환한다. 수익은 다시 투기에 재투입되고, 승자만이 단기간 부를 축적하며, 사회 전체의 생산성을 끌어올릴 투자로 전환되는 모습은 보이지 않는다. 이 구조는 결국 '돈이 돈을 버는' 회전문을 강화할 뿐이다.

더 심각한 것은 이 투기가 단지 개인의 재산 이동에서 끝나지 않는다는 점이다. 암호 화폐가 사회적 자원을 실제로 사용하는 방식은 낭비적이다. 특히 작업 증명 기반 채굴은 막대한 전력과 컴퓨팅 자원을 소비한다. 그 과정에서 동원되는 전기, 반도체, 인력, 자본은 본래 산업 생산과 연구 개발, 인프라 개선으로 이어질 수 있었던 자원이다. 경제학적으로 이는 분명한 막대한 기회비용이다. 동일한 자원이 다른 생산적 부문에 투입되었다면 사회 전체의 효용은 훨씬 커졌을 것이다.

일각에서는 이를 '네트워크 보안 비용'이라 주장한다. 하지만 비용을 지불한다고 해서 사회적 가치가 자동으로 정당화되는 것은 아니다. 우리가 묻고 답해야 할 질문은 단순하다. 그 막대한 에너지 소비가 사회 전체의 생활을 개선했는가? 실질적 편익을 확장했는가? 아니면 금융적 게임의 안전장치를 위해 전력을 불태우고 있는가? 이러한 질문에 대한 답변을 고려하면, 그 시장은 기술이 아니라 투기 경제를 유지하기 위한 거대한 자원 낭비에 불과하다.

투기가 만드는 또 다른 폐해는 경제적 인센티브의 왜곡이다. 자산 가격 급등은 보유층에게는 '대박'지만 비보유층에게는 '생활비 상승'과 '상대적 박탈감'으로 나타난다. 실제로 경제에서 자산 가격 상승이 반복되면 사람들은 노동과 혁신보다 가격 상승에 올라타는 방법을 더 합리적인 선택으로 여긴다. '열심히 일해선 부자가 될 수 없다'는 냉소가 사회를 덮고, 젊은 세대는 창업이나 기술 개발의 노력과 열정보다 단기 시세 차익을 꿈꾼다. 이런 사회는 결국 생산적 인센티브가 무너진다. 노력과 도전의 문화가 약화되면 성장 잠재력은 자연스럽게 둔화한다.

금융 안정성 측면에서도 위험은 분명하다. 암호 화폐 시장은 높은 변동성을 기반으로 레버리지(차입) 거래가 확대되기 쉽다. 가격 상승기에 대출이 늘고, 위험 자산을 담보로 신용이 공급되는 구조는 자산 거품이 만들어지는 전형적인 경로다. 그리고 거품의 끝은 언제나 동일하다. 가격이 조정되면 부채 부담이 급증하고, 연쇄적인 매도와 청산이 발생한다. 붕괴 과정에서 손실은 시장 참여자만이 아니라 소비와 투자 위축을 통해 사회 전체로 확산된다. 금융 시스템이 불안해지고 경기 침체가 뒤따르는 악순환은 이미 여러 자산 시장 역사에서 반복된 교훈이다.

물론 암호 화폐 시장을 모두 부정할 필요는 없다. 특정 기술은 유용할 수 있고, 일부 혁신은 미래의 산업을 만들 수도 있다. 그러나 지금의 현실은 냉정히 보아야 한다. 암호 화폐가 사회를 더 효율적으로 만드는 혁신의 도구로 쓰이고 있는가, 아니면 투기적 욕망을 제도권의 언어로 포장한 머니 게임의 대상인가?

경제는 한정된 자원 위에서 작동한다. 그 자원이 채굴과 단기 매매에 쏠릴수록, 사회는 생산성 대신 열광과 불안을 축적하게 된다. 암호 화폐 열풍이 남기는 것은 기술 발전이 아니라, 자원 낭비와 불평등, 그리고 금융 불안정의 씨앗일 가능성이 크다. 우리는 '새로운 시대의 돈'이라는 구호에 취하기 전에 먼저 물어야 한다. 지금 이 시장은 과연 누구에게, 어떤 방식으로, 무엇을 남기고 있는가?

1920년대 미국의 대공황, 1985년 이후의 일본의 자산 버블, 1990년대 후반의 닷컴 버블, 2008년의 서브프라임 사태와 글로벌 금융 위기 등은 투기가 어떻게 가계와 국가 경제를 파멸시키는지를 보여주었다. 이러한 사례들이 공통적으로 보여 주는 것은 투기가 단지 개인적 차원에서 '누군가 돈을 잃고 따는 게임'이 아니라는 점이다. 투기는 자산 가격을 왜곡시켜 자본과 인적 자본의 흐름을 바꾸고, 금융 시스템을 위태롭게 만들며, 사회 전체가 가격 상승에 기댄 의사 결정을 하게 만든다. 그리고 결국 거품이 꺼지면 단순히 자산 시장만 무너지는 것이 아니라, 생산과 고용, 소비와 투자까지 함께 붕괴한다. 투기는 경제를 단기적으로 흥분시키지만, 장기적으로는 성장의 뿌리를 병들게 만든다. 이런 점에서 투기 붐은 언제나 '부의 창출'이라기보다는 '부의 재분배와 비용의 사회화'로 귀결되었고, 세계 경제사는 그것을 반복해서 증명해 왔다.

크립토사피엔스

진정한 크립토사피엔스는?

박종백 변호사는 저서[74]에서 블록체인 기술의 핵심인 암호화가 실현되는 세상 질서에 적응해서 살아가는 인간을 '크립토사피엔스'로 칭했다. 크립토사피엔스는 블록체인과 토큰을 도구이자 언어로 삼아 경제·사회·문화 활동을 수행하는 사람들을 가리키는 개념이다. 새로운 프로그래밍 언어에 능통한 개발자를 지칭하는 게 아니고, 블록체인과 토큰을 즐기며 생활하는 일반 시민을 뜻한다. 크립토 개발자만이 아니라 창작자와 소비자, 투자자와 기여자, 상인과 자선가가 모두 이 범주에 들어간다.

이러한 크립토사피엔스라는 신인류의 새벽을 연 건 단연 비트코인이다. 비트코인이 제시한 탈중앙화 화폐 그리고 이더리움이 연 스마트 컨트랙트가 크립토 환경을 대폭적으로 확장시켰다. 이제 수많은 후속 앱들이 커다란 생태계를 구축했다. 인터넷 시민이 네트워크를 통해 정보를 전파했다면, 크립토사피엔스는 네트워크를 통해 가치와 문화를 공유한다. 은행 계좌와 플랫폼 사업자가 제공하던 신뢰에 의존하던 기존의 인터넷 시민과 달리, 크립토사피엔스는 암호학과 합의 규칙, 공개 원장과 오픈소스 협업을 신뢰의 기반으로 삼는다. 누구나 아무런 승인 없이 더 넓은 세상에 접근하고, 커뮤니티는 투명한 규칙과 금고를 바탕으로 협력을 도모한다. 이 전환은 기술 혁신의 문제가 아니라 경제적 시민성의 확장이라는 점에서 의미가 깊다.

크립토사피엔스의 일상은 다르다. 그들의 일상은 자기 보관 지갑을 열고 닫는 행위, 수수료와 체인의 혼잡을 비교해 적절한 경로를 선택하는 판단, 특정 프로토콜의 보상 구조가 누구의 비용에서 나오는지 따져보는 행동으로 채워진다. 크립토사피엔스는 자기 보관을 습관화한다. 키 관리 기법을 이해하고 실천하는 일이 곧 재산권의 핵심이라는 인식이 자리한다. 그리고 온체인 리터러시 감각을 발달시켜서 비용·속도·보안의 균형을 스스로 취한다. 인센티브에 대한 리스크를 수익률과 함께 판단한다. 그리고 무엇보다도 사기와 과열에 대해 경계한다. '내가 이해하지 못한 수익은 내 것이 아니다'라는 원칙을 일상적으로 적용하며, 권한이 과도하게 집중된 설계와 불투명한 준비금, 비정상적 마케팅을 경계한다.

크립토사피엔스는 이미 존재하는 것을 누리는 재미보다는 스스로 만들어 가는 재미를 추구한다. 왜냐하면 크립토 세상 자체가 아직 완성형이 아닌 진행형이기 때문이다. 이 진행형 세상에서는 상시 위험이 내재되어 있다. 거래소 해킹, 브리지 취약점[75], 오라클 조작[76], 권한 탈취, 디페그는 반복되며, 그때마다 자기 보관 강화, 파트너 심사, 보험·기금과 온체인 포렌식, 이상 징후 탐지 같은 방어 체계가 점차 일상화한다. 규제와 공익과의 긴장 관계도 상존한다. 자금 세탁과 사기, 소비자 피해를 줄이기 위한 공적 규율과 검열은 수시로 논쟁이 되고, 프라이버시와 개방성을 지키려는 열정과 의지도 시험대에 오른다.

진행형인 크립토 세상에서 크립토사피엔스 스스로 균형을 잡아야 한다. 모든 인생, 시간, 재산을 한 가지에 몰빵하는 건 위험하다. 검증되지 않은 신기술과 제도를 시험하면서도 적절한 안전망은 쌓는다. 온체인과 오프체인이 조화와 협력을 이룬다. 저위험과 소액에는 간명한 절차를, 고위험과 고액에는 강화된 보안을 적용한다. '투기'라는 외부의 곱지 않은 시선과 비판에는 실제 사용과 공공적 효용으로 답해야 한다. 국경 간 송금과 기부, 커뮤니티 금고의 투명한 배분, 데이터 소유권과 창작자 경제의 확장 등 무궁무진한 재미와 가능성을 시현하는 것이 말로써 반박하거나 설득시키는 것보다 효과적이다.

사토시 본인도 비트코인을 설명하며 많은 사람들이 회의적인 반응을 보이자, 굳이 논리로 설득하려 들지 않았다. 그는 "만약 당신이 이해하지 못하거나 믿지 않는다고 해도, 설득할 시간을 쓰고 싶지 않다_{If you don't believe me or don't get it, I don't have time to try to convince you, sorry}"는 취지의 말을 남겼다. 비트코인을 이해하는 데에는 신념이나 논쟁보다 직접 경험과 현실적인 작동 결과가 더 큰 힘을 가진다는 의미다.

활동의 측면에서 크립토사피엔스는 소비자, 투자자, 개발자의 경계를 넘나드는 혼합형 행위자다. 서비스의 소비가 곧 네트워크의 기여가 되고, 기여가 토큰 지분으로 환산되며, 그 지분은 다시 사용을 촉진하는 인센티브가 된다. 창작자는 NFT를 통해 작품을 직접 유통하고, 팬은 단순 소비자가 아니라 후원자·공동 소유자로 참여한다. 소상공인은 스테이블 코인으로 원거리 결제를 받고, 게이머는 아이템과 캐릭터의 이력을 온체인에 보관해서 다른 게임에서도 사용할 수 있게 된다. 이처럼 사용·노동·투자의 경계는 흐려지고, 네트워크는 이용자와 공동 구축되는 자산이 된다.

이들에게 디지털 자산은 투기 대상이 아니라 소유권의 표현이자 인센티브 설계의 단위이며, 네트워크 거버넌스에 참여하는 지분이다. 밈과 스토리는 재미와 함께 커뮤니티 결속을 강화하는 채널이지, 투기와 거래의 대상이 아니다. 토큰은 참여 보상을 가능하게 하지만, 동시에 가격 변동과 과시적 소비가 문화의 신뢰를 깎을 위험도 안고 있다는 점은 경계해야 한다. 크립토사피엔스는 가치 창출에 기

여하는 참여와 가치 이전만 노리는 참여를 구별하는 안목이 있어야
한다.

박종백 변호사는 크립토사피엔스로 생존하기 위한 방법으로 다
음과 같이 충고한다. "MZ 세대는 토큰 경제의 초국가성이 어떻게 발
현될지에 관심을 두고 큰 흐름을 파악하는 안목을 키워야 한다." 전
적으로 동감한다. 우리에게 필요한 것은 비트코인 투기가 아니다. 우
리가 해야 할 일은 다가올 크립토 세상에 대한 이해를 넓히고 닥쳐
올 변화와 결과를 공부하고 준비하는 것이다. 챠트를 분석해서 비트
코인 가격이 오를 건지 내릴 건지 예측해서 베팅하는 탐욕은 내려놓
아야 한다. 탐욕은 자신과 국가를 파멸시킨다.

비트코이너를 위한 변명

비트코인에 열정적으로 참여하거나 지지하는 사람을 비트코이
너Bitcoiner라고 부른다. 비트코이너에는 오로지 비트코인만을 흠모하
는 비트코인 맥시멀리스트, 비트코인과 알트코인을 모두 인정하는
비트코인 미니멀리스트 그리고 오로지 돈벌이 목적으로 비트코인
에 투기하는 비트코인 투기꾼 등 다양한 신념을 가진 부류가 혼재
한다. 여기에서는 비트코인에 철학적, 문화적, 기술적으로 동조하는
진정한 의미의 비트코이너들에 대한 얘기를 하려고 한다. 과연 그들

은 비트코인 가격 버블을 어떻게 생각할까?

비트코인 숭배자들[77]은 비트코인 가격 상승을 시장의 단순한 투기적 움직임을 넘어, 비트코인이 장기적으로 세계 금융 질서를 재편할 잠재력을 인정받는 과정으로 이해한다. 그들은 가격이 오를 때마다 '비트코인의 본질 가치가 서서히 드러나는 과정'이라고 해석하며, 비트코인이 기존 화폐 체제를 대체하거나 최소한 그와 대등한 자산으로 자리 잡을 미래가 예상보다 더 가까워졌다는 신호로 받아들인다. 이들에게 가격 폭등은 비트코인이 통화로서 혹은 디지털 금으로서 전 세계인의 신뢰를 더 넓게 획득하고 있다는 확실한 증거다.

비트코이너들이 내세우는 가격 폭등 이유는 비트코인의 희소성이다. 비트코인은 발행량이 고정되어 있고, 중앙은행처럼 임의로 공급을 늘릴 수 없다는 점을 강조한다. 이런 시각에서는 가격 폭등은 투기적 과열이 아니라 '법정 화폐가 계속 늘어나는 세계에서 절대적 희소 자산의 상대적 가치가 재평가되는 과정'으로 해석된다. 비트코인 가격 폭등은 비정상이 아니라, 오히려 뒤늦은 정상화다.

더 장기적인 관점에서는 화폐 질서의 구조적 변화를 강조한다. 그들에게 비트코인 가격 상승은 개별 자산의 급등이 아니라, '기존 통화 시스템에 대한 불신이 누적된 결과'다. 중앙은행의 통화 정책이 정치와 결합되어 신뢰를 잃고 인플레이션이나 자산 불평등을 심화시키는 상황에서, 국가의 통제를 받지 않는 화폐가 선택받고 있다는 해석이다. 그리고 네트워크 효과가 가격 폭등을 가져온다고 본다. 비트코이너들은 비트코인을 단순한 코인을 넘어서 하나의 프로토콜이자 네트워크로 본다. 네트워크 가치는 비선형적으로 증가하며, 가격 폭등은 이 네트워크 효과가 일정 임계점을 넘은 결과다. 가격 상승은 감정적 군중 심리가 아니라, 사용자 기반과 인프라 확장의 결과로 해석된다. 비트코이너들은 이를 '진화 과정'이라 부른다. 비판자들에게는 '투기'이지만.

그렇다면, '아무 노동도 하지 않고 단지 초기에 비트코인을 가지고 있었다는 이유만으로 가격이 급등해서 거대한 부를 얻게 되는 불로소득이 정당한가?'라는 질문에 비트코이너들은 어떤 대답을 할까? 비트코인 숭배자들은 비트코인의 가격 폭등을 당연한 보상으로 생각한다. 그 이유는 두 가지다. 첫째, 비트코인은 초기부터 누구에게나 열려 있었으며, 초기 보유자들이 막대한 이익을 얻은 것은 특권이나 배경 때문이 아니라, 누구보다 먼저 위험을 감수하고 참여한 '혁신 리스크 테이커'였기 때문이라고 본다. 이러한 관점에서는 비트코인의 수익은 '위험 감수에 대한 보상'이며, 주식 투자나 벤처 투자에서의 성공과 같은 맥락으로 해석된다.

둘째, 비트코인을 저장해 둔 것은 단순한 '행운'이 아니라, 기존 금융 시스템의 문제를 이해하고 대안을 선택한 것이기 때문에 일종의 '지적 선택의 보상'으로 간주된다. 그들의 시각에서는 비트코인을 보유하는 행위는 단지 투기적 행위가 아니라, 잘못된 화폐 시스템에 저항하고 자신의 노동 가치를 지키려는 행위다. 이런 맥락에서 비트코인 가격 상승은 정당하며, 이것이 부의 상승으로 이어지는 것도 '공정한 결과'라고 여긴다.

이 책 전체에서 비트코인 가격은 버블이고 이 가격에 사는 건 투기라고 수없이 얘기했기 때문에 이 지면은 오롯이 비트코이너들의 공간으로 남겨 두기로 하자. 다만, 이런 비트코이너들의 논리와 설명은 이전에 모든 버블의 중심에 선 투기자들이 했던 이야기와 똑같다는 한마디만 하련다. 17세기 튤립도, 18세기 미시시피 회사와 사우스 시 회사 주식도, 2000년대 닷컴 주식도 결국은 버블이었다. "This time is not different."

사토시 나카모토의 진심

이런 의문이 든다. 사토시 나카모토가 비트코인 가격이 12만 달러까지 치솟고, 온 세상이 암호 화폐 투기로 들끓는 모습을 본다면, 어떤 생각을 할까? 아마도 생각이 아주 복잡할 것 같다.

사토시는 본인이 익명으로 던져 놓고 사라진 코드가 전 세계 수많은 나라의 정부, 중앙은행, 금융 기관이 무시할 수 없는 플랫폼으로 자리 잡았다는 점에서 자부심을 느낄 것이다. 네트워크 관점에서 보면, 높은 가격으로 엄청난 채굴 보상을 키우고, 그 보상은 더 많은 해시 파워를 불러들이며, 결과적으로 적대적 공격에 훨씬 강한 네트워크로 성장했다. '누구도 멈출 수 없는 네트워크'를 만들고자 했던 사람의 입장에서, 현재 수준의 보안성과 분산도는 만족할 만한 결과다.

하지만 사토시는 마냥 기쁘지만은 않을 것이다. 그는 누구나 힘들여 벌어들인 가치를 직접 보관하고, 중개 기관 없이 전송하며, 송금 비용이 없어지는 탈중앙화된 결제 시스템을 소망했다. 비트코인이 투기적 상품으로 변한 현실은 사토시가 원하던 세상과는 전혀 맞지 않다. 따라서 지금의 비트코인을 보며 적지 않게 실망할 가능성이 크다. 오늘날 비트코인을 실제 '돈'으로 쓰는 사람보다, '언제 사고 언제 팔아야 더 많이 남느냐'를 고민하는 사람들이 압도적으로 많다. 비트코인은 '디지털 카지노의 주인공 토큰'으로 전락했다.

그럼에도 사토시는 이 모든 투기와 버블을 '완전히 부정적인 것'으로만 보지 않을 수도 있다. 어떤 자산이 화폐로 자리 잡는 과정에서 가치 저장 수단으로 먼저 인식되고, 그 과정에서 투기와 버블이 반복되는 것은 역사적으로 흔한 패턴이다. 금도 그 과정을 거쳤다. 그는 비트코인 가격이 오르고 내리는 것을 '새로운 화폐가 시장에서 가격을 찾아가는 통과 의례'로 바라볼 가능성도 있다. 다만 그 통과 의례가 너무 오랫동안, 너무 극단적인 '투기 게임'으로만 활용되는 현실에는 분명히 우려하고 있을 것이다.

사토시를 가장 불편하게 만드는 현실은 비트코인이 초래하고 있는 부의 집중 문제다. 초기에 비트코인을 채굴하거나 값이 거의 없을 때 사 두었던 사람들 가운데 일부는, 아무 추가 노동 없이 상상하기 힘든 규모의 부를 가지게 되었다. 반대로 비트코인을 늦게 알았거나 위험을 감당할 수 없었던 사람들, 기술에 쉽게 접근할 수 없었던 국가의 사람들은 높은 가격에 시장에 들어올 수밖에 없다. '누구에게나 같은 규칙이 적용되는 돈'이라는 점에서 비트코인은 공정하지만, '출발선이 달랐던 사람들' 사이의 결과는 극단적으로 불평등하다. 사토시는 기존 금융 시스템에서 은행과 정부, 금융 엘리트에게 집중된 권력을 비판했는데, 오늘의 비트코인 생태계에도 '고래 지갑'은 기존의 거대 금융 기관과 다를 바 없다.

사토시 나카모토가 어떤 세상을 꿈꾸었는지는 그의 글, 이메일, 포럼 메시지에 남아 있는 단서들을 바탕으로 추론할 수밖에 없다. 그는 처음부터 신분을 숨겼고, 정치적 선언이나 장문의 철학적 글도 남기지 않았다. 비트코인 백서와 초기 커뮤니티에서의 발언을 통해서만 그의 생각을 유추할 뿐이다. 사토시는 중앙 권력이 화폐를 독점하지 않고, 개인이 자신의 자산을 직접 지키며, 금융 위기나 권력자의 결정에 흔들리지 않는 분산된 경제 질서, 그리고 정보·자산·거래의 자유가 기술로 보장되는 '자유주의적 디지털 사회'를 꿈꾸었다. 그에게 비트코인은 이런 세상을 만들기 위한 실험이었다.

사토시는 처음부터 '누군가의 것'이 아닌 시스템, '주인 없는 프로토콜'을 만들려 했고, 자신이 사라짐[78]으로써 이를 실천했다. 지금의 비트코인을 본다면, 그는 아마 '그래도 내가 사라지길 잘했다'는 안도감을 가장 먼저 느낄지도 모른다. 사토시는 차마 본인을 추종하는 비트코이너들이 월가의 비트코인 상품화를 열렬히 환영하고, FRB에 유동성 공급을 요구하며, 미국 정부에게 비트코인을 전략 자산으로 보유하길 애원하는 현실을 눈뜨고 보기는 어려웠을 것이다.

선의가 정답을 보장하지 않는다

잘 알려진 문구가 있다. '지옥으로 가는 길은 선의로 포장되어 있다The road to hell is paved with good intentions.' 선한 의도만으로는 좋은 결과가 나오지 않을 수 있으며, 오히려 잘못된 결과를 낳을 수 있다는 뜻이다. 20세기 자유주의 경제 철학을 대표하는 하이에크Friedrich A. Hayek는 정책·제도의 설계에서 의도intention가 아니라 결과consequence가 중요하다고 강조했다. 그는 많은 정책들이 '좋은 의도'로 시작되지만, 사회의 복잡성과 정보의 한계 때문에 실제 결과는 전혀 다른 방향으로 흐른다고 보았다. 어느 누구도 완벽하게 전체 사회를 통제하거나 예측할 능력이 없기 때문에, 선의를 바탕으로 한 계획이라도 오히려 피해를 낳을 수 있다는 것이다.

선의의 계획이 실패할 수 있다는 사실을 인식하지 않은 확신은 '도덕적 오만moral arrogance'이다. '좋은 의도'만 있으면 복잡한 사회 문제를 해결할 수 있다고 믿는 순간, 그 정책은 예측하지 못한 부작용을 만들어 결국 사람들을 더 불행하게 만들 수 있다. 이러한 도덕적 오만은 정부에서만 일어나는 게 아니다. 개인도 이러한 위험에서 벗어나 있지 않다. 본인은 선의로 한 일이 사회 전체적으로는 정반대의 결과를 초래하곤 한다.

2008년 글로벌 금융 위기 당시에 은행들이 무분별한 대출로 부실해지고 중앙은행이 대규모 구제 금융을 제공하는 부조리를 고발한 사토시의 진심은 동감한다. 하지만 그 해결책은 비트코인과 같은 탈중앙화된 암호 화폐가 아니었다. 사토시가 기존 화폐와 금융 제도에 환멸을 느껴서 그와 생각을 같이 하는 일부 동료들과 격리된 새로운 경제 세계로 자신들을 가둘 생각이었다면 비트코인은 그 해결책일 수 있다. 하지만 기존의 금융 통화 시스템을 완전히 바꾸려는 비트코인은 '정의로운 경제, 인플레이션 없는 화폐'를 실현하는 정답이 아니었다.

암호 화폐 전도사인 오태민 교수는 비트코인을 '오리너구리'라고 한다.[79] 비트코인이 화폐, 자산, 결제망, 기술이라는 서로 다른 성격을 동시에 갖고 있다는 점에 주목해서 파충류적 특징(알 낳기), 조류적 특징(부리), 포유류적 특징(털과 젖 분비)이 한 몸에 공존하는 오리너구리에 비유한 것이다.[80] 그런데 오리너구리의 서식지는 호주 동부와 태즈메이니아 섬으로 매우 제한적이다. 더 넓은 환경에서는 적응해서 살아남기 어렵다. 비트코인도 그렇다. 비트코인은 주류를 꿈꾸지만 주류로 나가지 못하는 내재적 한계가 있는 존재다.

암호 화폐는 등장 초기에는 기존 금융 통화 시스템을 대체할 수 있는 혁신적 기술로 기대를 모았지만, 시간이 흐르면서 그 가능성은 사라졌다. 암호 화폐는 금융 시스템을 보완하거나 새로운 기술적 가능성을 보여 주는 데에는 분명한 기여를 했지만, 국가 단위의 통화 시스템 자체를 완전히 대체하는 역할을 수행하기에는 안정성, 책임성, 공공성, 제도적 기반 등의 측면에서 턱없이 부족했다.

화폐는 단순한 교환 수단이 아니라 국가 거시 경제 조절의 핵심 수단이다. 중앙은행은 통화 정책을 통해 금리, 물가, 환율을 조절하며 경기 안정을 도모한다. 하지만 암호 화폐에는 이런 조절 메커니즘이 존재하지 않는다. 화폐 발행이 분산되어 있고, 공급량이 고정되거나 알고리즘에 의해 자동 조절되기 때문에 경제 위기나 인플레이션 상황에서 정책 대응이 불가능하다. 결국 암호 화폐가 통화 정책의 주권적 기능을 대체한다는 것은 국가가 경제를 조절할 수 있는 권한을 포기한다는 의미이며, 현실적으로 불가능하다.

가장 근본적인 문제는, 암호 화폐가 꿈꾸던 탈중앙화된 통화 체제가 실제 경제에서 필요한 안정성·예측 가능성·책임성을 충분히 충족시키지 못했다는 점이다. 화폐는 사회 전체의 교환·저축·계약을 지탱하는 공공재적 성격을 갖는데, 암호 화폐는 이 공공적 역할을 안정적으로 수행하기 어려웠다. 기존 통화 시스템은 수세기 동안 축적된 신뢰·제도·법적 기반 위에 작동하는데, 암호 화폐는 이 기반을 충분히 수용하지 못하고 제도 바깥에서 독자적 체계를 구축하려

했다.

암호 화폐가 완벽하게 성공하려면 기존의 모든 사회·정치·경제 제도가 혁명적으로 전환되어야 한다. 정부와 금융 당국은 더 이상 '물가 안정과 최대한 고용'이라는 통화 금융 정책 목표 달성을 내려놓아야 한다. 또 세금을 걷어 공공재를 공급하는 역할도 포기해야 한다. 불법과 탈법에도 눈 감아야 한다. 한마디로 과장해서 말하면, 국가라는 공동체는 해체되어야 한다. 이런 전환이 이루어지면 암호 화폐는 성공할 수도 있다. 하지만 사람들은 이상적인 화폐를 갖기 위해 인류가 축적한 더 소중한 제도들을 버리지는 않을 것이다. 화폐는 우리의 목적이 아니고 수단일 뿐이기 때문이다.

사토시가 제기한 문제 의식은 기존 화폐와 금융 제도를 개선해서 신뢰성, 투명성 그리고 사회적 정의를 구현하고 다른 한편으로는 더 효율적이고 안전하며 포용적인 화폐와 금융 제도를 만들려는 것이었다. 비트코인은 이러한 점에서 분명히 의미를 갖는다. 비록 비트코인이 미래 화폐도 디지털 금도 아니지만, 블록체인 기술이 여러 다양한 분야에서 접목되어 새로운 서비스와 플랫폼이 생겨나게 했다는 점에서 역할을 했다.

암호 화폐와 블록체인 기술이 무한한 가능성과 잠재력을 가졌다는 점을 나는 결코 부정하지 않는다. 계좌가 없는 소외 계층에게 금융 서비스를 제공하고 환전과 이체를 보다 자유롭게 하며 거래에 수반되는 금융 수수료를 낮출 수 있다. 그리고 장기적으로는 탈중앙 집권적인 조직과 제도가 번성하는 기초를 제공할 수 있다. 물론 국가적인 차원에서의 실현은 의문시되지만 소규모의 커뮤니티 차원에서 실현 가능성은 있다. 비트코인이 현재의 법정 화폐를 대체하기는 어렵지만 기존 통화 시스템에서 부족한 부분을 보완하는 역할을 할 것이다.

튤립 버블이 꺼졌을 때 진심으로 튤립 꽃을 즐기는 사람은 오히려 가격 폭락을 반겼을 것이다. 비싸지 않은 가격으로 아름다운 꽃을 피우는 튤립 뿌리를 사서 심으면, 5월에는 화려한 튤립꽃을 감상할 수 있으니까. 비트코인도 마찬가지다. 비트코인이 상상하는 통화 시스템에 공감하는 사람들은 비트코인 가격에서 버블이 걷히면 오히려 더 반길 것이다. 비트코인을 활용해서 더 다양한 시도를 해 볼 수 있기 때문이다.

진정한 비트코인 숭배자들은 비트코인이 만들어 낼 미래상에 흥분하고 매료된다고 한다. 충분히 이해한다. 나 역시 암호 토큰과 블록체인 기술의 발전 잠재력을 믿는다. 그래서 비트코인 가격이 합리적인 수준으로 내려가면 비트코인 커뮤니티에서 활동해 볼 생각이다. 하지만 비트코인이 현재와 같이 고가의 가치가 있다고 생각하지 않는다. 그러한 가능성과 잠재력 때문에 비트코인 가격이 10만 달러, 100만 달러가 된다는 것은 황당한 얘기다. 사실 비트코인 네트워크에서 할 수 있는 활동은 그리 많지 않다. 최근에 나온 제대로 설계된 암호 화폐와 네트워크에 비해서도 많이 뒤떨어진다.

근거도 없이 터무니없이 높은 예상 가격을 제시하면서 투기를 부추기는 사람은 진정한 비트코인 숭배자가 아니다. 단지 손쉽게 돈을 벌려는 얄팍한 상술로 비트코인을 찬양할 뿐이다. 만일 독자분들이 암호 화폐와 블록체인 기술의 잠재력을 인정한다면 비트코인에 투기하지 말고, 이러한 기술을 활용해서 자신의 삶을 더 흥미롭고 보다 편리하게 만드는 데 관심을 갖길 바란다. 비트코인에 대한 진정한 지지는 가격을 부풀리는 것이 아니라, 기술을 정확히 이해하고 이를 사회적·경제적 맥락 속에서 올바르게 활용하는 데서 비롯된다.

마치며

헛소리의 비대칭 원리

전 세계적으로 비트코인을 비롯한 암호 화폐에 대한 부정적인 견해를 밝힌 인사는 많다. 글로벌 투자계의 그루인 버핏과 멍거를 비롯해서 많은 월가의 투자 전문가들이 암호 화폐 투기의 위험성을 경고했다. 정치인들도 비트코인에 대한 입장을 밝혔다. 트럼프 대통령은 당초 비트코인을 무시했다가 재선되면서 암호 화폐를 보조 화폐라고 치켜세우기도 했다. 일론 머스크는 비트코인으로 테슬라 구매를 가능하게 하고 직접 비트코인에 투자도 했지만, 지금은 거리를 두고 있다.

반면에 국내에서 비트코인에 대한 부정적인 의견을 밝힌 사람들은 많지 않다. 초기에 정부 고위 인사들이 부정적인 입장을 밝힌 적이 있지만 현재는 정부 당국자의 입장 표명은 암묵적으로 금기시된다. 반면에, 유튜브를 비롯한 각종 언론 매체에서는 노골적으로 비트코인의 가격 폭등을 기정사실화하면서 투자를 부추기는 목소리가 넘쳐나는 상황이다. 우리나라에서 암호 화폐 투기가 기승을 부리는 이유가 이런 편향적인 선전과 무관하지 않다.

이 책을 내기까지 고민이 많았다. '모름지기 경제학자는 가치 판단의 영역에서는 한 발짝 물러서야 한다'는 신념에 따라서 비트코인 문제에도 나서지 않는 게 바람직하다는 생각도 했다. 가치 판단의 문제는 누가 보느냐, 언제 보느냐, 어떤 상황에서 보느냐에 따라서 결론이 다르기 때문이다. 하지만 투기적 광기가 직업적 소명 의식과 정직한 보상이라는 경제 윤리를 파괴하고 시장 질서를 왜곡시키는 것을 지켜보고만 있을 수 없었다. 투기는 결국 개인의 불행과 경제의 후퇴로 귀결되고, 더 심각한 것은 정신적 황폐화를 초래한다.

비트코인 문제를 다루면서 알베르토 브란돌리니Alberto Brandolini가 제기한 '헛소리의 비대칭 원리Bullshit Asymmetry Principle'를 실감했다. 그에 따르면 "헛소리를 반박하는 데 필요한 에너지는 헛소리를 하는 데 드는 에너지보다 훨씬 크다"고 한다. 주위에서 온통 비트코인은 미래의 화폐이자 디지털 금이며, 가격이 계속 오를 거니까 늦기 전에 사라고 한다. 그래서 이를 반박하고 비판하는 사람들이 입증 책임을 떠맡는 처지다. 사실 미래의 가능성이 제로임을 증명하고 설득하기란 여간 어려운 게 아니다.

노력과 혁신의 가치가 존중되는 세상

암호 화폐 투기 열풍과 가격 폭등은 21세기 자본주의의 새로운 풍경이다. 이 현상은 기술 혁신으로 포장되지만, 그 이면에는 실질적 가치 창출보다 가격 변동에 의한 부의 편중, 사회적 불평등의 심화, 그리고 경제적 정의가 흔들리는 구조적 문제가 숨어 있다. 경제 정의라는 관점에서 볼 때, 암호 화폐 투기는 단순한 경제 현상을 넘어 '부의 분배가 정당하고 자원의 사용이 생산적인가'라는 근본적 질문을 던진다.

진정한 의미의 정의로운 경제는 노동과 혁신의 가치가 존중받는 사회적 제도 속에서만 가능하다. 암호 화폐 투기와 그 결과는 정의의 원칙과 효율의 원칙이 동시에 훼손되는 '이중의 불의'라 할 수 있다. 정의로운 경제란 부가 생산의 대가로 분배되고, 공정한 경쟁의 결과로 기회가 주어지는 체제다. 투기에 의해 자산 가격이 왜곡되고 일부 계층이 이익을 얻는 구조는 이러한 원리를 정면으로 거스른다. 투기는 '열심히 일하는 사람'이 아니라 '투기로 행운을 잡은 사람'을 보상하는 기제이며, 결국 사회 경제의 도덕적 토대를 송두리째 흔든다.

비트코인 투기는 실질적인 생산 활동을 통해 새로운 가치를 창출하지 않으면서, 가격 상승을 통한 불로소득만을 추구한다. 그 결과 사회는 '노력보다 운이, 노동보다 투기가 더 큰 보상을 받는 체계'로 기울게 된다. 이런 사회에서는 정의의 원칙이 무너지고, 생산적 활동의 동기가 약화되어 건강한 경제 기반이 붕괴된다. 전형적인 경우가 스트래티지다. 사람들은 이 회사가 비트코인에 일찍이 투자해서 엄청난 성공을 거두었다고 경탄한다. 과거 4년간 수익률[81]이 무려 2,228퍼센트였는데 엔비디아(1,212퍼센트)나 테슬라(324퍼센트)를 훨씬 뛰어넘는 수익률이었다. 이로 인해서 스트래티지의 회장인 마이클 세일러는 '비트코인 전도사'라는 명성을 얻었다.

하지만 나는 비트코인 투기가 건실한 기업을 망가뜨린 최악의 경우에 해당한다고 본다. 이 회사는 원래 미국 버지니아주에서 설립되어 잘 나가던 비즈니스 인텔리전스 소프트웨어 회사였지만, 2020년 이후 비트코인 비축 전략을 전면에 내세우며 완전히 다른 방향으로 전환했다.[82] 회사의 자산은 폭발적으로 증가했을지 몰라도[83] 경제 전체적으로 볼 때 이 회사가 이전에 정상적인 비즈니스를 통해 기여했던 바는 사라지고 말았다. 뉴욕 증시 상장 기업 70여 개가 소위 크립토 트레저리 기업Cripto Treasury Companies이 되어 본래의 사업은 거들떠보지 않고 비트코인 비축에 눈이 팔려 있다. 비트코인과 암호화폐 투기가 초래한 결과다.

이러한 부조리는 딴 세상 이야기가 아니다. 우리가 숨쉬는 현실,

지금 여기에서 벌어지는 이야기이다. 30년간 교단에서 학생들을 가르치다가 정년퇴직한 선생님은 매달 300만 원의 연금으로 생활하신다. 반면에 15년 전에 세뱃돈 5만 원으로 비트코인 50개를 샀던 선생님의 당시 고등학생 아들은 이제 매달 2,000만 원을 받는 연금자가 될 기회를 가졌다. 그리고 '박수 칠 때 떠나면' 기회는 현실화될 것이다. 이러한 불합리한 결과를 수긍할 수 있겠는가? 이런 사회에서 누가 정상적으로 일을 하겠는가? 이런 상황이 언제까지 계속 일어나야 하는가? 이러한 부조리는 당장 멈춰야 한다. 어렵지 않다. 우리 모두가 정직하고 지나친 욕심을 버리면 된다.

참고 문헌

나카지마 마사시 저, 이용택 역, 『애프터 비트코인』, 21세기북스, 2017

네이선 루이스 저, 이은주 역, 『골드』, 에버리치홀딩스, 2009

마이클 J. 케이시·폴 비냐 저, 유현재·김지연 역, 『비트코인 현상, 블록체인 2.0』, 미래의창, 2017

박림 저, 『비트코인 매직』, 코스모스하우스, 2018

박종백 저, 『크립토사피엔스와 변화하는 세상의 질서』, 세종서적, 2023

백훈종 저, 『결국 비트코인』, 경이로움, 2025

브렛 스콧 저, 장진영 역, 『클라우드 머니: 화폐의 최후』, 쌤앤파커스, 2022

비제이 셀밤 저, 장영재 역, 『비트코인 퍼펙트 바이블』, 한스미디어, 2025

비트뱅크㈜·[블록체인의 충격] 편집위원회 저, 김응수·이두원 역, 『블록체인의 충격』, 북스타, 2017

시라카와 마사아키 저, 박기영·민지연 역, 『일본의 30년 경험에서 무엇를 배울 것인가』, 부키, 2024

에드워드 챈슬러 저, 강남규 역, 『금융투기의 역사』, 국일증권경제연구소, 2021

에스와르 프라사드 저, 이영래 역, 『화폐의 미래』, 김영사, 2023

오진현 저, 『블록체인이 미래를 바꾼다』, 굿웰스북스, 2021

오태민 저, 『더 그레이트 비트코인』, 거인의정원, 2023

오태민 저, 『비트코인, 그리고 달러의 지정학』, 거인의정원, 2023

유발 하라리 저, 조현옥 역, 『호모 사피엔스』, 김영사, 2015

윌리엄 번스타인 저, 노윤기 역, 『군중의 망상』, 포레스트북스, 2021

윌리엄 번스타인 저, 장영재 역, 『부의 세계사』, 포레스트북스, 2024

이병욱 저, 『비트코인과 블록체인, 가상자산의 실체 2/e』, 에이콘출판사, 2020

이차웅 저, 『블록체인, 플랫폼 혁명을 꿈꾸다』, 나남, 2019

제크 포크스 저, 장진영 역, 『비이성적 암호화폐』, 알에이치코리아, 2023.

존 롤스 저, 황경식 역, 『정의론』, 이학사, 2003

찰스 P. 킨들버거·로버트 Z·알리버 저, 김홍식 역, 『광기, 패닉, 붕괴: 금융위기의 역
    사』, 굿모닝북스, 2006

최윤일 저, 『암호화폐 혁명, 이더리움 블록체인』, 라꽁떼(두리미디어), 2018

케네스 로고프 저, 최재형 역, 『화폐의 종말』, 다른세상, 2016

케네스 로고프, 노승영 역, 『달러 이후의 질서』, 윌북, 2025

크리스 버니스크·잭 타터 저, 고영훈 역, 『크립도애쎗, 임호자산 시대가 온다』, 비즈
    페이퍼, 2018

토마스 세들라체크 저, 노은아·김찬별 역, 『선악의 경제학』, 북하이브, 2012

함정수·송준 저, 『라스트 코인』, 매일경제신문사, 2018

Ben Mckenzie and Jacob Silverman, 『Easy Money: Cryptocurency, Casino Capitalism,
and the Golden Age of Fraud』, Abrams Press, 2023

주

1   법정 통화 현물 거래 규모 기준으로는 원화가 달러화 다음으로 세계 2위다. 하지만 거래 인구, 보유 규모 등의 기준으로는 중국, 인도에 비해서 작은 수준이다. 글로벌 블록체인 분석 회사인 체이널리시스Chainanalysis의 '글로벌 암호 화폐 채택 지수'에서 한국은 2025년 15위로 중상위권이며, 한국 시장은 전문 트레이더·스테이블 코인 수요 주도형으로 분류된다. 한국은 법정 화폐를 활용한 거래 규모는 크지만 개인의 활용 지수는 중상위권이다.

2   에드워드 챈슬러 저, 강남규 역, 『금융투기의 역사』, 국일증권경제연구소, 2021, 저자 서문

3   케네스 로고프 저, 노승영 역, 『달러 이후의 질서』, 윌북, 2025, p277

4   찰스 P. 킨들버거·로버트 Z·알리버 저, 김홍식 역, 『광기, 패닉, 붕괴: 금융위기의 역사』, 굿모닝북스, 2006, P196

5   1719년에 다른 독점권들을 흡수·통합한 뒤에는 Compagnie (perpétuelle) des Indes(영문으로는 Company of the Indies)로 불렸고, 통용상 '미시시피 회사 Compagnie du Mississippi'라는 별칭이 널리 퍼졌다.

6   1718년 이 은행은 국유화되어 방크 루아얄Banque Royale이 되었고, 국왕의 신용을 등에 업은 지폐는 사실상 법정 화폐처럼 쓰이기 시작했다.

7   에드워드 챈슬러 저, 강남규 역,『금융투기의 역사』, 국일증권경제연구소, 2021, p45

8   시라카와 마사아키 저, 박기영·민지연 역,『일본의 30년 경험에서 무엇를 배울 것인가』, 부키, 2024, p.53

9   에드워드 챈슬러 저, 강남규 역,『금융투기의 역사』, 국일증권경제연구소, 2021, p147

10   에드워드 챈슬러 저, 강남규 역,『금융투기의 역사』, 국일증권경제연구소, 2021, p147

11   백훈종 저,『결국 비트코인』, 경이로움, 2025, p156

12   사토시는 비트코인 백서에 "We propose a solution to the double-spending problem using a peer-to-peer network"라고 쓰면서 주석에서 웨이 다이의 b-money를 언급했다.

13   비트코인 네트워크 참여자들 사이에서, 당해 블록 이후에 누적된 작업 증명이 가장 많은 블록체인을 진짜 장부로 받아들이는 합의 원칙이다. 비트코인의 블톡 생성 과성이 느리고 분산되어서 농시에 2개 이상의 블록이 생성될 수 있기 때문에 이러한 합의 원칙이 필요하다.

14   암호 화폐 시가 총액 관련해서는 공식적인 통계가 없으며, 각 암호 화폐 사이트에서 서로 다른 기준으로 발표한다.

15   화이트 페이퍼white pape라고 불린다.

16   비제이 셸밤 저, 장영재 역,『비트코인 퍼펙트 바이블』, 한스미디어, 2025, p57

17   2040년 무렵이면 전체 비트코인의 약 99퍼센트 이상이 이미 채굴된 상태가 되어 사실상 대부분의 공급이 시장에 존재하게 된다. 이 시점이 '거의 모든 비트코인이 채굴된 때'이기 때문에 사람들이 2040년을 채굴 종료 시점으로 착각하기도 한다. 그러나 남은 극히 적은 양의 비트코인을 발행하는 과정이 매우 길게 이어지기 때문에, 전체 공급량인 2,100만 개가 완전히 채워지는 시점은 약 2140년경이다. 다시 말해 2040년은 '채굴이 거의 끝나는 시점'이고, 2140년은 '채굴이 완전히 끝나는 시점'이다.

18   비트코인의 제네시스 블록(블록 0으로 불린다)에서 50개 비트코인이 채굴되었다.

19   후에 다시 32MB로 확장한다.

20 이더리움의 개발과 개선에 있어서 부테린의 역할이 중요하지만, 그는 혼자가 아니다. 수많은 개발진과 전문가가 그를 지원하고 있다.

21 DAO는 이더리움 기반 벤처 캐피털 펀드인데, 사람들이 이더ETH를 투자하면 DAO 토큰을 받고, 이를 통해 어떤 프로젝트에 자금을 배정할 것인지 투표할 수 있도록 설계된 일종의 탈중앙형 투자 펀드였다. 모인 투자금은 약 1,200만 ETH에 달했고, 당시 가치로 거의 1억 5,000만 달러에 해당하는 거대한 규모였다. 하지만 당시 스마트 계약에서의 취약점(보안 허점을 이용해서 해커가 출금 제한이 걸리기 전에 자금을 계속 끌어낼 수 있는 구조를 만들었다)을 이용한 공격으로 수천만 달러가 유출되자(360만 ETH가 해커의 지갑으로 이동), 커뮤니티는 격렬한 논쟁에 휩싸였다. 비탈릭은 결국 네트워크를 '하드포크'하여 해킹 이전 상태로 되돌리는 결정을 내렸다.

22 둘로 분리되어서, 이더리움ETH은 하드포크 체인으로 현재의 주류가 되었고, 이더리움 클래식ETC는 원래 체인을 고수하고 있다.

23 함정수·송준 저, 『라스트 코인』, 매일경제신문사, 2018, p219

24 2022년 '더 머지The Merge' 이후 신규 발행 규모는 급감했다.

25 초기에는 비트코인을 제외한 모든 코인들을 알트코인이라고 불렀다. 이러한 정의에 따르면 이더리움도 알트코인이다. 하지만 알트코인의 의미는 이후의 시장 상황을 반영해서 변화했다. 이더리움이 시가 총액, 개발자·사용자 생태계, 스마트 컨트랙트 기반 디앱의 핵심 인프라라는 위상을 확보한 이후에는 암호 화폐는 비트코인, 이더리움, 알트코인으로 분류한다. 최근에는 스테이블 코인이 등장하면서 비트코인, 이더리움, 스테이블 코인 그리고 알트코인으로 분류하기도 한다.

26 상장되거나 암호 화폐 사이트에서 추적 가능한 암호 화폐만을 포함한 숫자다. 만일 이더리움이나 솔라나 플랫폼에서 생성된 밈토큰 등을 모두 포함하면 2,500만 개라는 통계도 있다.

27 테더USDT는 실제 달러 준비금 보유 여부를 두고 여러 차례 조사를 받았다.

28 다행히 성공적으로 현금화해 주었지만 담보 부족에 대한 의심은 스테이블 코인의 지워 낼 수 없는 주홍 글씨다.

29 발행사가 발행한 채권이다. 테라 스테이블 코인의 경우 루나가 채권이었다.

30 그 대표적인 사례가 2022년 발생한 테라·루나Terra/Luna 사태다. 테라USDUST

는 달러 예치금을 기반으로 하지 않고, 알고리즘Algorithmic으로 가격을 1달러에 맞추는 방식이었다. 이는 자매 코인 루나와의 교환 메커니즘을 이용해 자동으로 가격을 조정하는 구조였다. 그러나 대규모 매도와 시장 불안이 겹치자 시스템이 붕괴되었고, 1달러로 유지되어야 할 UST의 가치는 순식간에 1센트 이하로 폭락했다. 이 사건으로 전 세계 투자자들이 약 500억 달러 이상의 손실을 입었으며, 스테이블 코인의 신뢰 자체가 흔들렸다.

31 UST 예치 시 연 20퍼센트의 고정 이자를 제공한다는 앵커 프로토콜이 가치와 수요를 견인했지만 지속 가능하지 않는 구조였다.

32 탈중앙화 형태의 스테이블 코인인 DAI 같은 경우는 블록체인 상에 담보 자산이 실시간으로 기록되어 누구나 검증할 수 있다.

33 유럽연합은 2024년부터 'MiCAMarkets in Crypto-Assets' 규제를 시행해 자산 보유 명세와 회계 감사 공개를 의무화했다.

34 백훈종 저,『결국 비트코인』, 경이로움, 2025, p61

35 비제이 셀밤 저, 장영재 역,『비트코인 퍼펙트 바이블』, 한스미디어, 2025, p204

36 비트코인이 지불 수단이나 회계 기준으로 사용되지는 못하지만 가치 저장 수단으로서는 법정 화폐와 경쟁할 수 있다.

37 The Economist,「Larry Fink and Rob Goldstein on how tokenisation could transform finance」, December 1, 2025

38 하지만 비트코인만큼의 노드와 채굴자를 유도해서 보안성, 네트워킹 효과를 당장 확보하기는 어려울 것이다.

39 이론적으로는 51퍼센트 이상의 노드가 악의로 거래를 왜곡할 수 있으나 현실적으로는 불가능에 가깝다.

40 네이선 루이스 저, 이은주 역,『골드』, 에버리치홀딩스, 2009, p189

41 2025년 현재, GENIUS법은 세 법안 가운데 입법화가 가장 진전되었다. 이 법안은 이미 상원과 하원을 모두 통과했으며, 대통령의 서명까지 완료되어 정식으로 법률로 제정되었다. 현재 재무부 등 관련 행정 부처가 하위 규정과 시행령을 마련하는 후속 작업이 진행 중이다. 반면에 CLARITY법과 Anti-CBDC법은 하원에서 통과되었지만 상원 통과 및 대통령 서명 단계에는 아직 이르지 못한 상태이다.

42 미국 내에서는 암호 화폐가 증권법 관할인지, 상품 거래법 관할인지가 불분명

해 오랫동안 규제 혼란이 이어졌고 이는 FIT21법으로 관할 문제가 정리되었다. 그런데 가상 자산이 상품형인지 증권형인지가 불분명해서 문제가 있었는데 이를 CLAIRITY법이 정리했다.

43 2013년 윙클보스Wingkleboss 형제인 케머런과 타일러가 최초로 신청했지만, 2017년 3월 SFC가 신청을 기각했다.

44 동아일보, 「비트코인 금융 상품화의 시대 개막」, 2024.1.17 , A27면

45 SWIFT는 1973년 벨기에에서 설립되었고, 현재 전 세계 200개 이상 국가의 수천 개 금융 기관이 참여하고 있다. 은행들은 SWIFT를 통해 송금 지시, 신용장, 증권 결제, 외환 거래 관련 정보를 주고받는다. 실제 자금 이동은 각국의 결제 시스템이나 은행 간 계좌를 통해 이루어지지만, 그 앞단에서 거래를 성립시키는 '공용 언어'와 통신망이 바로 SWIFT다.

46 2024년 기준 약 474개의 비트코인을 확보했다고 발표했다.

47 조선일보, 「비트코인 거래, 원화가 달러 첫 추월…"한국인이 가격 상승 주도"」, 2023.12.6

48 이 통계는 신고된 국내 가상 자산 사업자를 대상으로 집계한 결과이므로, 해외 거래소를 이용하거나 개인 지갑에 직접 보관하는 가상 자산은 포함되지 않았다. 실제 시장 규모는 공식 통계보다 더 클 가능성이 높다.

49 금융위원회의 보도 자료는 '가상 자산'으로 표현되고 있지만, 여기에서는 암호 화폐로 바꿔서 사용한다. 금융위의 '가상 자산'에는 암호 화폐뿐 아니라 일부 토큰, 스테이블 코인, 그리고 NFT와 같은 디지털 자산까지 더 넓은 범위를 포괄한다.

50 동아일보, 「비트코인 '금융 상품화'의 시대 개막」, 2024.1.17 , A27면

51 동아일보, 「비트코인 '금융 상품화'의 시대 개막」, 2024.1.17 , A27면

52 케네스 로고프 저, 노승영 역, 『달러 이후의 질서』, 윌북, 2025, p254

53 2025년 기준 Cambridge CCAF의 보고서에 따르면, 비트코인 채굴에 사용되는 친환경 에너지원 비중이 약 52.4퍼센트에 이른다. 재생 에너지(수력·풍력·태양광 등) 42.6퍼센트, 원자력 9.8퍼센트다.

54 케네스 로고프 저, 노승영 역, 『달러 이후의 질서』, 윌북, 2025, p257

55 이미 개인 키의 상실로 분실된 300만 개와 사토시가 소유한 100만 개 비트코인을 빼면 최대 공급량은 약 1,700만 개다.

56 2022년 11월, 자회사인 알라메다 리서치의 재무 상태가 FTX의 자체 발행 토큰인 FTT에 지나치게 의존하고 있다는 보도가 나오면서 상황이 급변했다. 알라메다가 실제 유동성 없이 FTT 가치에 기반해 운영되고 있다는 사실은 시장에 심각한 의구심을 불러일으켰다. 이어 바이낸스가 보유하던 FTT를 모두 매도하겠다고 발표하자 투자자들은 FTX의 유동성 위기를 우려하며 대규모 출금을 시도했고, 이는 전형적인 '코인 런'으로 이어졌다.

57 보고서의 제목은 「디지털 시대의 화폐, 혁신과 신뢰의 조화: 원화 스테이블 코인의 주요 이슈와 대응 방안」이다.

58 시중 은행뿐만이 아니라 기타 금융 기관들도 포함한다.

59 CBDC는 크게 소매retail와 도매wholesale로 나뉜다. 소매 CBDC는 일반 국민과 기업이 직접 사용하는 디지털 화폐에 해당한다. 도매 CBDC는 은행·결제 기관 등 금융 기관 사이의 대액·증권 결제, 담보 이동을 효율화하는 것을 목표로 한다. 도매형은 현행 RTGS를 확장·현대화하는 성격이 강해 기술적 합의로 비교적 이견이 적은 반면, 소매형은 개인 정보·민간 금융과의 역할 분담, 금융 중개 위축 가능성 등 정치 경제적 쟁점을 더 많이 동반한다.

60 설계 아키텍처는 운영 모형 관점의 '직접형, 중개형, 하이브리드형' 세 가지가 가능하다. 직접형은 중앙은행이 이용자 계정까지 직접 운영한다. 투명성과 통제는 높지만, 고객 서비스와 혁신 부담이 중앙은행에 과도하게 쏠린다. 중개형은 상업 은행·지불 기관이 전면에서 고객을 상대하고, 중앙은행은 원장 또는 정산의 최종 레이어를 맡는다. 하이브리드는 원장은 중앙에서, 지갑·KYC·서비스는 민간에서 담당하는 절충이다.

61 암호 화폐도 원장의 관점에서 중앙 집중형 데이터베이스와 허가형 분산 원장DLT으로 구분된다. 허가형은 다수 노드의 합의로 장애·검열 내성을 높이고 상호 운용성 실험에 유리하나, 성능·운영 복잡성이 커진다. 중앙 집중형은 성숙한 기술과 높은 처리량이 장점이지만 익명성은 저해된다.

62 CBDC는 계정형과 토큰형이 가능하다. 계정형은 신원 확인된 계정에 잔액이 기록되는 방식으로, 금융 규제·분쟁 해결과의 접합이 쉽다. 토큰형은 '디지털 현금'처럼 소유권 이전이 지갑-지갑 간 서명으로 이뤄지며, 익명성·오프라인 결제 구현에 유리하지만 분실·도난 대응과 자금 세탁 방지가 어렵다.

63 51퍼센트 공격은 비트코인과 같이 규모가 큰 네트워크에서는 현실적으로 일어

나기 매우 어렵다고 한다. 공격 비용이 천문학적일 뿐 아니라, 공격이 성공하더라도 코인 시장이 붕괴해 경제적 이득이 사라지기 때문이다. 반면 규모가 작은 알트코인에서는 해시 파워가 적고 중앙화 위험이 크기 때문에 실제로 여러 차례 발생했다. 따라서 51퍼센트 공격은 기술적으로는 가능한 개념이지만, 실질적으로는 네트워크 규모에 따라 위협 수준이 극명하게 달라지는 현상이라고 할 수 있다.

64 사피르 슈타인은 이기적 채굴이나 이클립스 등의 공격법을 동원하면 25퍼센트 해시 파워로도 시스템을 무력화할 수 있다고 말한다.

65 세계 최대 디지털 자산 그룹인 Digital Currency Group의 자회사다.

66 쇼어 알고리즘Shor's algorithm은 충분히 강력한 양자 컴퓨터가 존재할 경우, 암호 화폐가 채용하고 있는 타원 곡선 암호ECDSA의 개인 키를 공개 키로부터 계산해 낼 수 있음을 이론적으로 증명했다.

67 양자 컴퓨터에서 큐비트qubit는 고전 컴퓨터의 비트bit에 해당하는 기본 정보 단위다. 비트는 항상 0 또는 1 중 하나의 상태만을 가진다. 반면 큐비트는 양자 역학적 중첩superposition 상태를 가질 수 있다. 이는 큐비트가 0과 1 중 하나가 아니라, 0과 1이 동시에 존재하는 상태로 표현될 수 있다.

68 지금까지의 ECDSA·Schnorr 기반 서명을 하이브리드 또는 완전 대체 형태로 바꾸는 경로가 제시되었다. 표준화된 PQC 서명으로의 이행, 혹은 과도기의 하이브리드 서명 채택이 대표적이다.

69 글로벌 비트코인 채굴에서 재생 에너지 비중은 약 45퍼센트 수준이다. 원자력을 포함한 친환경 에너지 비중은 50퍼센트를 넘는다. 재생 에너지 비중은 점진적으로 상승하고 있다.

70 비제이 셀밤 저, 장영재 역, 『비트코인 퍼펙트 바이블』, 한스미디어, 2025, pp388~389

71 시라카와 마사아키 저, 박기영·민지연 역, 『일본의 30년 경험에서 무엇를 배울 것인가』, 부키, 2024, p420~455

72 많은 양의 비트코인을 보유해서 가격에 영향을 줄 수 있는 개인, 기관, 거래소, 초기 채굴자 등을 말한다. 명확한 기준은 없지만 비트코인을 1,000개 이상 가진 보유자를 전형적인 고래로 본다.

73 장동익 저, 『로버트 노직, 무정부·국가·유토피아』, 커뮤니케이션북스, 2017,

pp.72~74

74 박종백 저, 『크립토사피엔스와 변화하는 세상의 질서』, 세종서적, 2023, p.299

75 다른 블록체인 사이에서 자산을 이동시킬 때 발생할 수 있는 보안 취약점을 말한다.

76 블록체인 바깥의 정보 데이터를 왜곡해서 스마트 컨트랙트를 발동시키는 왜곡이다.

77 비트코이너는 비트코인을 단순한 투자 자산이 아니라 하나의 철학과 기술 혁신으로 받아들이며, 개인의 자유와 자산 주권을 강화하는 수단으로 바라본다. 이들은 비트코인의 역사와 원리를 이해하고자 하며, 자산 보관 방식이나 경제관에서도 스스로 주체가 되려는 태도를 갖는다.

78 그의 것으로 추정되는 비트코인 지갑에서는 아직도 전혀 출금되지 않고 있다.

79 오태민 저, 『더 그레이트 비트코인』, 거인의정원, 2023, p.21

80 오리너구리는 젖을 먹여 새끼를 기른다는 점에서는 포유류가 맞지만, 알을 낳는다는 점에서는 파충류나 조류와 닮아 있다. 외형부터 특이하다. 몸은 수달처럼 납작하고 털로 덮여 있으며, 꼬리는 비버처럼 넓고 납작하다. 여기에 오리의 부리처럼 보이는 주둥이가 붙어 있다. 이 부리는 단순한 입이 아니라, 물속에서 먹이를 찾기 위한 고도의 감각 기관이다. 오리너구리는 눈과 귀를 닫고 잠수한 상태에서, 부리에 분포한 감각 세포로 먹이가 내는 미세한 전기 신호를 감지한다. 이는 포유류 중에서도 매우 드문 능력이다. 번식 방식도 독특하다. 암컷은 알을 낳고 이를 품은 뒤 부화한 새끼를 기른다. 그러나 젖꼭지는 없다. 대신 복부의 피부에서 젖이 분비되고, 새끼는 그 젖을 핥아 먹는다. 이는 포유류 진화의 매우 초기 단계를 보여 주는 특징으로 여겨진다.

81 백훈종 저, 『결국 비트코인』, 경이로움, 2025, p256

82 이 변화의 중심에는 창업자이자 당시 CEO였던 마이클 세일러가 있었다. 그는 비트코인 발행량이 2,100만 개로 한정되어 있고, 탈중앙화된 네트워크를 기반으로 누구도 인위적으로 공급을 조절할 수 없다는 점에서 '완벽한 가치 저장 수단'으로 판단했다.

83 2020년 8월부터 비트코인을 매입해서 2025년 8월 18일 기준으로 보유한 비트코인은 약 63만 개다. 이는 전체 비트코인 발행량의 약 2.99퍼센트에 해당하는 규모다.

비트코인, 박수 칠 때 떠나라

초판 1쇄 발행 2026년 4월 10일

지은이 송인창

발행인 양진오
편집인 미미 & 류
발행처 교학사

등록번호 제25100-2011-256호
주소 서울 마포구 마포대로 14길 4, 3층
전화 02-707-5239
팩스 02-707-5190
이메일 miryubook@naver.com
인스타그램 @miryubook

ISBN 979-11-88632-38-1 (03320)

미류책방은 교학사의 임프린트입니다.

·파본이나 잘못된 책은 구입하신 곳에서 바꿔드립니다.
·이 책은 저작권법에 의해 보호받는 저작물이므로 무단전재와 무단복제를 금지하며 책 내용의 전부 또는 일부를 인용하거나 발췌하려면 반드시 저작권자와 교학사의 서면 동의를 받아야 합니다.